ESSAI

DE

PERSPECTIVE,

PAR G. J. 'sGRAVESANDE,

Docteur en Droit.

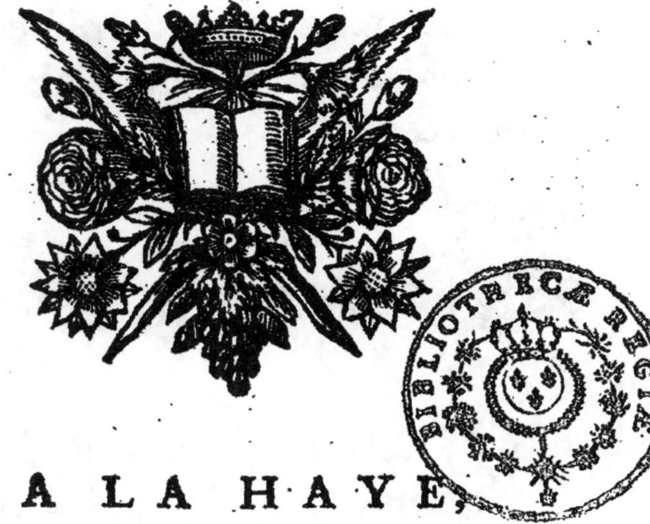

A LA HAYE,

Chez la Veuve d'Abraham Troyel.

M. DCC. XI.

A

MONSIEUR

B. VANDER DUSSEN,

Bourguemaiſtre, Conſeiller, &
Penſionnaire de la Ville de
Gouda. Hoog Heemraat de
Schieland, & Dyck-Grave
du Krimpender - Waart.
Député de la part des Etats
Généraux, aux derniéres
Conférences ſur la Paix,
&c. &c.

MONSIEUR,

*Si j'étois du ſentiment des
Ecrivains, qui, à l'abri d'un*

Nom

EPITRE.

Nom Illuſtre, eſpérent ſe ga-
rantir des hazards auxquels
ils s'expoſent, j'abandonnerois
ce petit Traité au jugement du
public avec toute la confiance
que peut donner un ſuccès aſ-
ſuré : j'aurois tout lieu de
m'attendre à la réüſſite d'un
Livre au devant duquel Vous
m'avez bien voulu permettre,
MONSIEUR, de placer
Vôtre Nom Illuſtre ; ce Nom
qui tant de fois a parû avec
éclat dans des Négotiations
importantes, dont le maniment
demandoit un Eſprit ſuperieur,
une Prudence conſommée dans
les affaires, & une Sage ac-
tivité toûjours menagée par la
Raiſon.

Mais,

EPITRE.

Mais cette vaine espéran-
ce, MONSIEUR, *n'est pas*
le motif qui me porte à Vous
offrir ce petit Essai; l'honneur
que j'ai de Vous apartenir, &
& le désir de faire connoître
le respect & l'attachement que
j'ai pour Vous, sont pour moi
des raisons bien plus fortes &
plus légitimes.   Je suis avec
un profond respect,

MONSIEUR,

Vôtre très-humble & très-
obéïssant Serviteur,

G. J. 's GRAVESANDE.

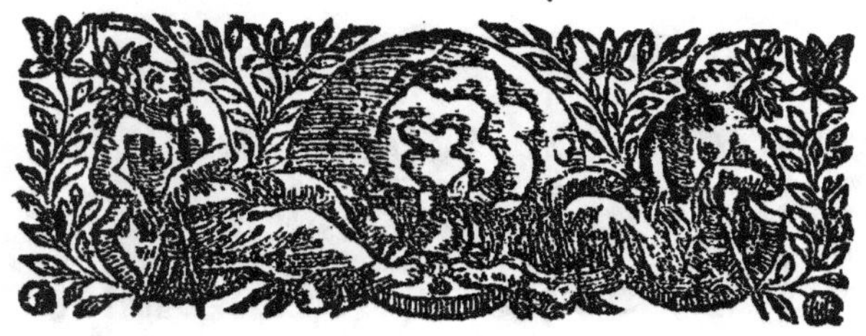

PREFACE.

ON s'étonnera peut-être de me voir entrer dans une route qui semble n'avoir été que trop fréquentée, & on regardera comme inutile l'Essai d'un nouveau Traité sur une science, qui, si on en juge par le grand nombre des Ecrivains qu'elle a produit, devroit être épuisée depuis long-tems. Il semble que le nom de Perspective soit devenu rebutant pour le public en-

PREFACE.

ennemi des répétitions , &
qu'il y ait de la témérité à ofer
traiter encore le même fujet.
J'ofe efpérer néanmoins quelque indulgence de ceux qui
voudront bien s'inftruire des
raifons qui m'ont porté à rendre public ce petit Ouvrage.

Il y a quelques années que
m'occupant a tracer des figures par les régles ordinaires,
je découvris certains moyens
d'abréger, qui fe prefentent affez naturellement, quand on
travaille avec quelque attention , & fans s'affervir entiérement à l'induftrie des autres. Ces premiers fuccès
m'en firent efpérer de plus
confidérables. Je crus qu'un

* 4   exa-

PREFACE.

examen plus exact de la Théorie de la Perspective, me four-
niroit des régles plus générales auffi; pour en rendre la
pratique aifée.   Je rencontrai
véritablement quelques abré-
gez; mais me défiant de la facilité apparente, que le plaifir
de l'invention nous fait toûjours trouver dans nos découvertes, j'en éprouvai la bonté
en les applicant avec exactitu-
de à différens fujets : j'en exa-
minai fcrupuleufement tous les
cas, & je fis tous mes efforts
pour n'être pas ébloüi par certaines opérations, qui font
tout autrement mal-aifées dans
l'éxécution, qu'elles ne fem-
blent d'abord le promettre à
l'ef-

l'efprit. A ma propre médi-
tation je joignis la lecture d'u-
ne bonne partie des Ecrivains
de ce genre, qui fe font mul-
tipliez à l'infini fans beaucoup de néceffité. Quelques
uns d'entr'eux, qui fe font dif-
tinguez avantageufement parmi la foule, m'ont été très utiles: mais j'ofe affurer que le
nombre n'eft pas grand de
ceux, qui, dans ce qui regarde
la pratique, ont traité cette
matiére avec quelque air de
nouveauté.

Les uns fe font bornez à expliquer la fimple Théorie, &
ont laiffé à leurs Lecteurs le
foin d'en faire l'application;
ou s'ils ont donné les prati-

ques communes, ils n'ont pas été au delà, & ils se sont répandus en réfléxions générales sur la Peinture, curieuses à la vérité, mais peu utiles à mon dessein; car je me propose, non de former un Peintre, mais de lui rendre facile l'exercice & l'usage de la Perspective. Les autres Auteurs, qu'on diroit, à la grosseur de leurs Ouvrages, avoir traité la pratique avec plus de soin, en donnent d'abord quelques régles générales, qui leur sont communes à tous, & qui pour avoir passé par tant de mains n'en sont pas devenuës plus aisées; aussi n'ont ils pas travaillé à les rendre telles. Ils ont

crû

crû que tous les objets pou-
vant se mettre en Perspective
par ces moyens là, il seroit
inutile d'en chercher d'autres;
& ils ont jugé plus nécessaire de
donner aux Peintres l'application de ces méthodes à un nombre infini d'exemples particuliers; quoi que cette aplication
ne leur puisse servir tout au plus,
qu'à rappeller dans ces circon-
stances l'usage des régles déja
prescrites. Mais quel profit peuvent retirer les Peintres de ces
modelles, s'ils n'ont une con-
noissance exacte des pratiques
générales? Et s'ils ont cette con-
noissance, quelle sera pour eux
l'utilité de cette variété excessive d'exemples?

* 6

J'ai

PREFACE.

J'ai donc crû pouvoir m'y prendre d'une autre façon; & bien que je me reconnoiſſe beaucoup inférieur à pluſieurs de ceux qui ont écrit ſur cette matiére, je me ſuis flatté, que ſi la Perſpective perdoit quelque choſe entre mes mains par le manque d'habileté, elle pourroit le regagner, peut-être avec uſure, par une grande application de ma part. J'ai conſideré encore que les détails ennuyeux, inſéparables du genre d'écrire que j'ai choiſi, ne permettroient jamais aux genies capables de plus grandes choſes d'entrer dans une carriére peu digne de leurs efforts, & inacceſſible aux grandes décou-

PREFACE.

couvertes. Ainſi, eſpérant d'u-
ne part donner un nouveau
jour & plus de facilité à la
pratique ; & perſuadé d'ailleurs que les perſonnes plus
intelligentes ne voudroient pas
ſe charger d'un tel ſoin, j'oſe
hazarder ce petit Ouvrage, &
l'expoſer au goût du public
éclairé, de qui je n'attens point
d'autre Eloge, que celui qu'on
ne peut raiſonnablement refu-
ſer à un travail aſſidu.

Trois choſes pourront ici
faciliter l'uſage de la Perſpective. 1. Pour reſoudre les
Problêmes les plus généraux
qui fondent toute la pratique,
on donne pluſieurs méthodes
nouvelles & plus faciles que

* 7   cel-

PREFACE.

celles dont on ufe commune-
ment. On en donne plufieurs,
parce que l'application d'une
même régle n'eft pas également commode dans tous les
cas, & qu'ainfi il eft utile d'en
avoir à choifir. 2. Les méthodes générales dont on s'eft
fervi jufqu'ici étant impratica-
bles dans quelques occafions
particuliéres, pour rémedier
à ce défaut on en a ajoûté
d'autres, plus malaifées à la vérité, mais que certains cas rendent abfolument néceffaires.
3. Enfin, quand par le moyen
des Problêmes généraux, il eft
fort difficile de réfoudre un
Problême particulier, on a
crû devoir en donner une fo-
lution à part.   Par

Par là on rend à la vérité
l'étude de la Perspective plus
malaisée : mais ce désavantage
est bien récompensé par la facilité de la pratique qu'on a
eu uniquement en vûë.   Il est
vrai que peu de régles générales ne chargent pas tant la
mémoire ; mais d'en avoir plusieurs, d'en avoir de particuliéres, c'est ce qui abrége ; &
telle méthode, pour avoir arrêté d'abord quelques momens
de plus, épargne dans la suite
des heures entiéres d'une oc-
cupation qui paroît toûjours
assez pénible.   Peu de tems
suffira à un Peintre pour bien
entendre cet Ouvrage, & pour
s'en rendre les préceptes fa-
mi-

PREFACE.

miliers; & cette étude de peu
de jours, répétée de tems en
tems, lui vaudra toûjours une
extrême diminution de travail
& de fatigue.

Mais afin que chacun puisse
voir par lui-même ce qu'il peut
se promettre de cèt Essai, j'en
donnerai l'abregé en peu de
mots.   Il est partagé en neuf
Chapitres.   Le premier qui
tient lieu d'introduction aux
autres, sert à prouver l'utilité
de la Perspective, & on y donne les définitions des termes
nécessaires pour l'intelligence
de ce Livre.

Toute la Théorie est con-
tenuë dans le Chapitre second.
Ce qui a été découvert de plus

utile

PREFACE.

utile fur cette matiére s'y trouve réduit à trois Théorémes
généraux , fçavoir le premier, le fecond & le qua-
triéme ; tout le refte s'en dé-
duit par voye de Corollaire. A
ces Théorémes déja connus,
on en a ajoûté de nouveaux
pour fervir à la Démonftration
de quelques propofitions néceffaires. Peut-être auroit-on
fouhaité que j'euffe toûjours
employé pour preuve la route
qui ma mené aux véritez que
je découvre : je l'ai fait quelquefois, mais fouvent cela auroit été très long & très emba-
raffant. En Géométrie, ce n'eft
pas toûjours le chemin le plus
facile, & le plus court qui con-
duit

PREFACE.

duit aux découvertes.

Dans le Chapitre suivant, on explique la pratique de la Perspective sur le Tableau Perpendiculaire. Entre les différentes méthodes qu'on y indique pour résoudre les Problêmes généraux, on en trouvera dans lesquelles on n'employe que la simple régle ; de sorte qu'après quelques préparations, on peut sans le secours du Compas, tracer toutes sortes d'objets, & cela avec plus de facilité que dans la pratique vulgaire. Celui qui cherche l'apparence d'un point qui est en l'air, le considére comme l'extrémité d'une Perpendiculaire, dont il faut trouver la représentation

pour

PREFACE.

pour trouver celle du point. On évite ce détour, & on enseigne a déterminer la Perspective du point donné, sans être obligé de chercher la Perspective de son assiéte. Touchant l'apparence d'un Cone & d'un Cilindre, on détermine sur leur baze la portion qui en est visible, & on se délivre par là des opérations inutiles aux quelles est sujette la méthode ordinaire. Il est très difficile, pour ne pas dire impossible, de mettre en Perspective une Sphére par le moyen des Problêmes généraux; dans la représentation du Tore d'une Colomne, il se trouve encore plus de difficulté: par là on s'est trouvé enga-

gé

gé à donner des méthodes particuliéres pour résoudre ces deux Problêmes. Le reste du troisiéme Chapitre regarde les lignes inclinées, & le moyen d'en trouver l'apparence par le point Accidental.

Le quatriéme Chapitre enseigne à travailler sur un Tableau qui doit être vû de fort loin, ou fort de côté, ou qui doit être placé dans un lieu élevé. Ces diverses situations demandent de nouvelles régles : car pour y pouvoir appliquer la méthode ordinaire, il faudroit travailler sur un Plan d'une grandeur excessive & impraticable.

On s'étend fort peu dans les

deux

PREFACE.

deux Chapitres fuivans. On
y parle du Tableau incliné, &
du Tableau paralléle ; & on y
découvre des méthodes générales, qui, jointes à celles des
Chapitres précédens, fuffiront,
je crois, pour mettre en Perfpective toutes fortes d'objets
avec affez de facilité.

Le Chapitre feptiéme, qui
traite des Ombres, n'a rien de
particulier, & qu'on n'ait vû
autre part ; mais le peu qu'on
en dit fuffit pour donner une
idée de cette matiére, que la
lecture de ce qui précéde ren-
dra facile.

On enfeigne dans le Chapitre fuivant quelques moyens
méchaniques pour faciliter l'u-
fage

PREFACE.

ſage de la Perſpective. On n'employe pour cela que des régles & des fils, dont tout le monde poura aiſément ſe pourvoir, que chacun pourra mettre en pratique, & qui, avec cèt avantage, ſont encore d'un uſage plus facile qu'aucun des inſtrumens inventez à ce ſujet.

Le dernier Chapitre de ce Traité fait voir qu'elle eſt l'utilité que la Perſpective peut apporter à la Gnomonique.

Tel eſt le plan de ce petit Ouvrage, dans lequel je me ſuis moins éforcé d'avancer des choſes curieuſes, que d'en dire d'utiles ; eſtimant que ſans faire parade d'un ſavoir mal placé,

PREFACE.

cé, je rendrois mon livre aſſez bon, ſi par ſon uſage je le rendois néceſſaire. Par cette raiſon, j'ai tâché de mettre tout à la portée de ceux qui auroient lû ſimplement les élemens d'Euclide : & ſi je me ſuis éloigné de cette régle en quelque peu d'endroits, je les ai fait imprimer en caractéres Italiques, afin qu'on pût les paſſer ſans aucun ſcrupule.

J'avertirai, ici qu'en retouchant cèt Eſſai, j'ai eu le bonheur de rencontrer un habile Peintre, qui a fait une étude ſerieuſe de toutes les connoiſſances néceſſaires à ſa profeſſion, parmi leſquelles la Perſpective n'a pas été négligée. Il l'a por-

tée

PREFACE.

tée plus loin qu'on ne pouvoit l'attendre raiſoñablement d'un homme deſtitué du ſecours des Mathématiques & je lui ſuis redevable de pluſieurs obſervations, auxquelles ſans lui je n'aurois peut - être jamais penſé. Au reſte, j'eſpére, quant au langage, quelque indulgence pour un étranger, à qui les fautes feront d'autant plus pardonnables en cette matiére, que les Mathématiques exigent moins l'élegance du ſtile que la clarté des expreſſions.

Ceux qui voudront avoir un précis du petit traité qui ſe trouve à la fin de ce livre, & qui parle de la Chambre Obſcure, pourront conſulter l'Avertiſſement qui eſt au devant.

ESSAI

DE

PERSPECTIVE.

CHAPITRE PREMIER.

Definitions de la Perspective.

LA Perspective nous enseigne à dessiner par les régles des Mathématiques ; c'est-à-dire, qu'elle nous apprend à tracer Géométriquement sur un plan, la représentation des objets, selon leurs

1.

A

leurs dimensions, & leurs situations différentes : en sorte que ces Représentations fassent sur nos yeux le même effet, qu'auroient pû faire les objets mêmes dont elles ne font que les images.

Pour bien comprendre comment on a pû appliquer les Mathématiques au dessein, supposons un homme A, qui considére un objet B, & feignons qu'entre cet homme & l'objet qu'il regarde, il y ait un plan transparent C. Supposons de plus que sur ce plan on trace des lignes comme en D, qui couvrent à l'égard du Spectateur A les contours de l'objet B, & de chaque partie qu'il en apperçoit. A present puis qu'on ne voit une objet, que par des raïons qui partent de tous ses points, & qui aboutissent à l'œil; & puis qu'ici tous les raïons qui viennent de l'objet B, passent aussi par tous les points de la Représentation D; il est

est clair que cette Représentation fera sur l'œil du Spectateur, le même effet qu'y faisoit auparavant l'objet même. Or c'est par des régles prises de la Géométrie, que dans le plan C, mis dans une situation donnée, on peut trouver les points de la figure D. par où passent les raïons, qui de l'objet B se rendent à l'œil du Spectateur A, lesquels points sont les intersections des raïons & du plan. Ainsi, comme d'autres l'ont fort bien remarqué, on doit regarder un Tableau dans la Peinture, comme une fenêtre sur laquelle on voudroit représenter les objets qui paroissent à travers.

Sans le secours des Mathématiques on ne peut trouver cette Représentation qu'à la simple vûë; c'est-à-dire, à tâtons; & alors un Dessein n'est exact, qu'à mesure qu'on a rencontré la véritable Apparence qu'auroit pû donner

A 2

la

la Géometrie.   Cette seule remarque suffit pour établir la nécessité de la Perspective, quoi qu'en disent certains Peintres, qui selon la Maxime ordinaire, prétendent que ce qu'ils ignorent, ne vaut pas la peine d'être sçû.

Jusqu'ici j'ai tâché de donner une idée de la Perspective considérée en général : mais on donne encore à ce mot une signification particuliére, qu'il est nécessaire d'expliquer, aussi bien que les autres termes de l'Art ; ce que je vais faire dans les Definitions suivantes, qu'il faut se rendre bien familiéres, avant de passer à la lecture du reste.

2.   *La Perspective* donc, la Répré-
Def. 1 sentation, ou l'Apparence d'un objet ; car ces trois mots sont Synonimes ; *est la Figure que forment en traversant le plan transparent, les Raïons par lesquels on voit cet objet : & la Perspective d'un*
point,

point, est l'intersection du Raïon
qui part de ce point, avec le plan
transparent; laquelle intersection
est un point.   Ainsi la Figure D. Fig. 1.
dans le Plan transparent C est la
Perspective de l'objet B , & le point
e dans le même Plan , est la Perspective du point E dans l'objet.

Le Plan paralléle à l'Horison Def. 2.
sur lequel le Spectateur est pla-
cé, avec les objets qu'il considére,
est appellé Plan Géométral. Com- Fig. 2.
me ABCD.

le Tableau est un Plan posé entre Def. 3.
le Spectateur & les objets , sur
lequel les objets se doivent tracer.
Comme F G R T.   Il est pour l'ordinaire perpendiculaire au Plan
Géométral , & par conséquent à
l'Horison , par ce que le plus souvent on donne cette situation aux
Peintures.   Il peut être néanmoins
quelque fois incliné, & même paralléle au Plan Géométral , selon
la maniére dont on véut disposer le

fein, ou la Peinture à laquelle on travaille. C'est la Raison pourquoi dans le Chapitre suivant, on énoncera les Théoremes & leurs Corollaires, d'une maniére générale, qui convienne à toutes ces diverses situations du Tableau, ce qu'il faut bien remarquer.

Def. 4.   *L'interfection du Tableau avec le Plan Géométral, s'appelle ligne de terre.* Comme F G.

La diverse situation de l'œil, change dans le Tableau la Représentation des objets; car les Raïons allant se joindre dans un autre point, rencontrent aussi le Tableau dans des endroits diférens. Pour déterminer cette situation de l'œil, à l'égard du Tableau, on suppose *un*

Def. 5.   *Plan paralléle à l'Horifon, qui passe par l'œil, & s'étend de tous côtez; on le nomme Plan Horifontal.* Comme O M V N L.

Def. 6.   *L'interfection de ce Plan avec le Tableau, est la ligne Horifontale.* Comme M V N. *La*

La Perpendiculaire qu'on mene Def. 7.
de l'œil à la ligne Horisontale, est
le Raïon principal. Comme O V.

Le point V où cette Perpendi- Def. 8.
culaire rencontre la ligne Hori-
sontale, est le point de vûë ou le
point principal.

On abaisse de l'œil sur le Plan
Géométral une Perpendiculaire qui
mesure la hauteur de l'œil.

Le point S où cette Perpendi- Def. 9.
culaire rencontre le Plan Géome-
tral, est le point de Station.

Le Plan qui passe par cette Per- Def. 10.
pendiculaire, & par le Raïon prin-
cipal, est appellé Plan Vertical.
Comme S O L I.

L'intersection V H *de ce Plan avec* Def. 11.
le Tableau, est la ligne Verticale.

Et S H I *son intersection avec* Def. 12.
le Plan Géométral, est la ligne de
Station.

Points de distance sont deux Def. 13.
points dans la ligne Horisontale,
éloignez de part & d'autre du

A 4   *point*

point de vûë, de la quantité du Raïon principal. Comme M &
N.

Def. 14.   *J'appelle ligne Géométrale, une ligne qui passe par le point de Station, & qui est paralléle à la ligne de terre.* Comme A B.

Def. 15.   *L'assiéte d'un objet est l'appui Perpendiculaire, que chacune de ses parties a sur le Plan Géométral.*

Def. 16.   *Direction d'une ligne inclinée au Plan Géométral, est l'intersection de ce Plan, avec un autre Plan qui lui est Perpendiculaire, & qui passe par la ligne inclinée.*

CHA-

CHAPITRE SECOND.

Théorie de la Perspective.

LEMME.

LA Perspective d'une ligne droite comme A B, qui étant continuée ne paſſe pas par l'œil O, eſt
auſſi une ligne droite : car les
Raïons par leſquels on voit la ligne A B. forment un Plan O A B,
qui coupe le Tableau ; & la commune Section de deux Plans eſt
une ligne droite, comme *a b*.

3.
Fig. 3.

THEOREME I.

*La Repréſentation d'une ligne
paralléle au Tableau, eſt paralléle à la ligne dont elle eſt la repréſentation.*

4.

Soit A B une ligne parallele au

Fig. 3.

A 5 Ta-

Tableau, il faut démontrer que *a b*
sa repréſentation, lui eſt paralléle.

Ces deux lignes A B & *a b* ne
peuvent jamais ſe rencontrer, parce que *a b* eſt dans le Tableau, &
que A B a été ſuppoſée paralléle
au Tableau. Mais ces deux lignes
ſont auſſi dans un même Plan,
puiſque *a b* eſt l'interſection du
Tableau & du Plan O A B, qui
paſſe par l'œil & par la ligne A B;
& partant elles ſont paralléles
entr'elles. Ce qu'il falloit démontrer.

COROLLAIRE I.

5. *La Perſpective d'une ligne pa-*
ralléle à la ligne de terre, eſt pa-
ralléle à la même ligne de terre.

Car la Ligne de terre & cette
Perſpective étant paralléles à une
même Ligne, elles ſont paralléles
entr'elles.

Co-

COROLLAIRE. II.

La Perspective d'une ligne pa- 6.
ralléle à la ligne Verticale, est
paralléle à cette même Verticale,
& par conséquent Perpendiculai-
re à la ligne de terre. Cela se démontre comme dans le Corollaire
précédent.

COROLLAIRE III.

Les Apparences des lignes pa- 7.
ralléles au Tableau, & également
inclinées du même côté sur le Plan
Géométral, font avec la ligne de
terre, des Angles égaux aux An-
gles que font les lignes dont elles
font les Apparences avec les pa-
ralléles à la ligne de terre, qui
les coupent, & par conséquent ces
Apparences font paralléles entre
elles.

Cela est évident, puis que les Ap-
 pa-

parences des lignes paralléles à la ligne de terre font paralléles à cette même ligne , & que les Apparences des lignes inclinées dont nous parlons, font paralléles à ces lignes.

THÉORÈME II.

8. *La Perspective d'une Figure paralléle au Tableau, est sembla-*
9. *ble à cette Figure ; & les côtez de cette Figure font à leurs Représentations, comme la distance de l'œil avec le Plan de la Figure est à la distance de l'œil avec le Tableau.*

Fig 4.   La Figure donnée est ABCD. Il faut démontrer premiérement que sa Perspective *a b c d* lui est femblable ; c'est-à-dire, que les Angles correfpondans de ces deux Figures A B C D & *a b c d*, font égaux , & que leurs côtez font proportionels.

L.

I. Quant aux Angles, ils sont égaux, puisque * les lignes qui com-　* 4
posent ces d'eux Figures sont pa-
ralléles entr'elles.

2. Dans les Triangles semblables
ADO & *ad*O, on a

AD, *ad* :: OD, O*d*,

Et dans les Triangles semblables
ODC & O*dc*, on a

DC, *dc* :: OD, O*d*

donc

AD, *ad* :: DC, *dc*.

altern.

AD, DC :: *ad*, *dc*

Par conséquent les côtez A D
& DC de la Figure ABCD sont
proportionels aux côtez *a d* & *dc*
de la Figure *a b c d*. On démontrera la même chose des autres côtez,
& partant ces Figures sont semblables.

Pour l'autre partie du Théore-
me, si l'on suppose qu'on abaisse
de l'œil une Perpendiculaire sur le
Plan de la Figure, continué s'il est

A 7　　　né-

néceffaire, il est évident que OD
fera à O*d* comme cette Perpendiculaire, qui mefure la diftance
de l'œil au Plan de la Figure, est
à la diftance de l'œil au Tableau,
laquelle est mefurée par la partie
de la Perpendiculaire comprife entre l'œil & le Tableau. Or nous
avons déja vû que

OD, O*d* : : AD, *ad.*

Donc il y a même raport entre
A*d* un des côtez de la Figure & *a d*
fa Perspective, qu'entre les diftan-
ces qu'on vient de marquer. La
démonftration est la même pour les
autres côtez de la Figure. Ce qu'il
falloit démontrer.

COROLLAIRE I.

10 *Si d'un point du Plan Géomé-*
tral, partent trois Lignes droites
égales entr'elles & paralléles au
Tableau, dont la premiére soit
dans le Plan Géométral, la fecon-
de

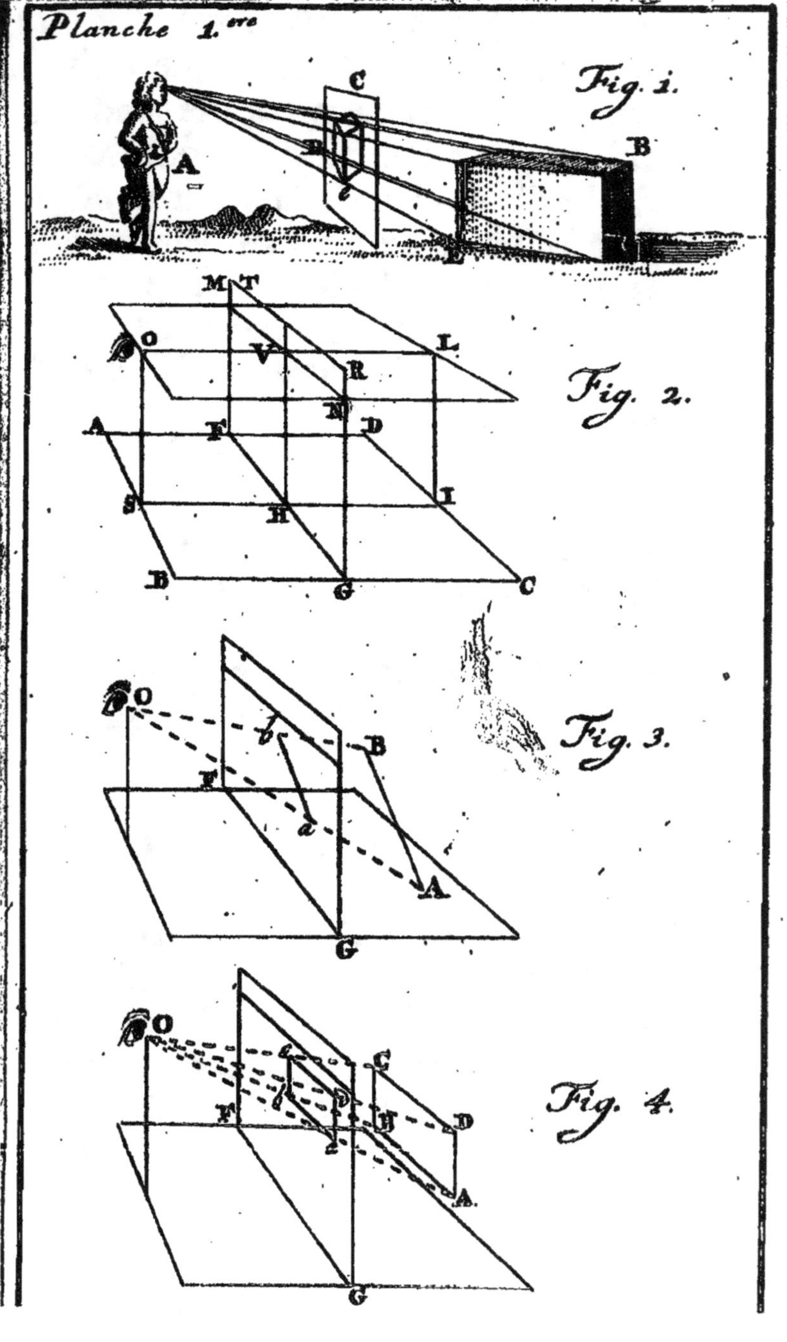

Planche 1.ere
Fig. 1.
C
A
B
Fig. 2.
M T
O
V
R
L
A
F
N
D
S
H
I
B
G
C
Fig. 3.
O
b
B
F
a
A
G
Fig. 4.
O
C
F
D
H
D
A
G

de élevée en l'air perpendiculairement à la premiére, & la troisiéme inclinée, les Apparences de
ces trois Lignes sont égales.

Cela paroît clairement, de ce
qu'on peut considérer ces Lignes
comme une Figure paralléle au Tableau, & que par conséquent elles
auront le même raport avec leur
Perspective.

Remarquez que la premiére de
ces trois Lignes est toûjours paralléle à la Ligne de terre, & que
la seconde, quand le Tableau est
perpendiculaire, est aussi perpendiculaire au Plan Géométral, &
que la troisiéme alors a la premiére
pour direction.

COROLLAIRE II.

Si deux Lignes droites, égales
entr'elles & paralléles au Ta-
bleau sont également éloignées du
Tableau, leurs Apparences seront
égales.   Car

Car étant dans un Plan paralléle au Tableau, ces Lignes auront un même rapport avec leurs Représentations.

THEOREME III.

12 *Si une Ligne paralléle au Tableau est regardée par deux yeux qui soient dans un Plan paralléle au Tableau, les Apparences de cette Ligne seront égales.*

Si l'on suppose que par la Ligne proposée, il passe un Plan paralléle au Tableau, on aura* cette proportion; la distance des yeux à ce Plan, est à leur distance au Tableau, comme la Ligne donnée est à la Représentation de cette Ligne. Mais les trois premiers termes de cette proportion sont les mêmes pour chacun de ces yeux qui sont dans un même Plan paralléle au Tableau. Partant le quatriéme terme de cette proportion est aussi

le

le même dans les deux cas. Ce
qu'il falloit démontrer.

Théoreme IV.

Si une Ligne droite étant conti- 13
*nuée, rencontre le Tableau en un
point, son Apparence sera une partie de la Ligne menée de ce point
dans le Tableau à un autre point,
où aboutit une Ligne droite qui
part de l'œil paralléle à la Ligne
proposée.*

La Ligne CD étant continuée, Fig. 5.
rencontre le Tableau dans le point
E. Il faut démontrer que son Apparence est une partie de la Ligne
EH, qui est menée du point E au
point H, où aboutit dans le Tableau, la Ligne OH qui part de
l'œil paralléle à la Ligne donnée
CD.

L'interſection du Tableau avec
le Plan ODC eſt la repréſentation
de la Ligne donnée. Or ce Plan
ODC

ODC est une partie du Plan qui passe par les paralléles O H & E C.

Donc cette Représentation est une partie de l'intersection de ce dernier Plan avec le Tableau ; laquelle intersection est E H.

COROLLAIRE I.

14   *Toutes les Lignes paralléles entr'elles, qui étant prolongées rencontrent le Tableau, ont des Représentations, qui étant prolongées, se rencontrent toutes dans un point.*

Cela est évident, puis qu'on ne peut tirer de l'œil O au Tableau, qu'une seule Ligne O H, qui leur soit paralléle, & qu'ainsi toutes leurs Représentations sont les parties de Lignes qui se rencontreront au point H.

Def. 17.   *Ce point est nommé le point accidental de ces Lignes paralléles.*

COROL-

COROLLAIRE II.

Deux ou plusieurs Lignes pa- 15
*ralléles entr'elles, & paralléles
au Plan Géométral, si elles ne le
sont pas au Tableau, ont leur point
accidental dans la Ligne Horisontale.*

Car le Plan Horisontal est paralléle au Plan Géométral.

COROLLAIRE III.

Les Représentations de toutes 16
*les Lignes paralléles à la Ligne
de Station, se rencontrent au point
de vüë.*

Cela suit de ce que le Raïon principal est paralléle à ces Lignes.

COROLLAIRE IV.

Deux ou plusieurs Lignes éga- 17
les, étant perpendiculaires ou éga-
lement

lement inclinées de même part sur une même Ligne paralléle à la Ligne de Station, leurs Perspectives sont bornées par deux Lignes qui aboutissent au point principal.

Toutes ces Lignes étant parallé-les & égales, la Ligne qui passe par leurs sommets est paralléle à celle qui passe par leurs bases, & celle-ci étant paralléle à la Ligne de Station, il s'ensuit * que les Apparences de toutes deux aboutissent au point principal.

* 16

THEOREME V.

18 *La Perspective d'une Ligne indéfinie ne change point quand l'œil se meut dans une Ligne paralléle à la Ligne proposée.*

La Perspective de cette Ligne est l'interfection du Tableau avec un Plan qui passe par l'œil & par cette même Ligne. Or l'œil demeure dans ce même Plan quand il

se

se meut dans une Ligne paralléle à
la Ligne proposée ; & par conséquent la Perspective de cette derniére ne change point par ce mou-
vement.

REMARQUE.

Cette Démonstration ne se rapporte point à chaque partie de la
Ligne donnée , mais à la Ligne en
général.

THEOREME VI.

Soit AC une Ligne inclinée au 19
Plan Géométral, & OD une au- Fig. 6.
tre Ligne tirée de l'œil au Ta-
bleau, & paralléle à la premiére.
AC. Maintenant qu'on méne
dans le Plan Géométral B A pa-
rallele à la Ligne de terre, & DE
dans le Tableau paralléle à la mé-
me Ligne ; & qu'on la méne en
sorte que B A soit à AC, comme
ED

E d à D O. Je dis que la Perspective de la ligne B C, qui passe par le point B, & par l'extremité de la ligne A C, étant continuée, rencontre le point E.

*. 13.   Il est évident * que pour démontrer cette vérité, il suffit de prouver que O E est paralléle à B C; ce qui se fait de la maniére suivante.

A B est paralléle à E D, & A C l'est à O D, par conséquent l'Angle E D O du Triangle O E D, est égal à l'Angle B A C du Triangle A C B; & ainsi ces deux Triangles font semblables, puis qu'ils ont d'ailleurs deux côtez proportionels. Mais puis que ces deux Triangles semblables, ont deux de leurs côtez paralléles, le troisiéme B C est aussi paralléle à O E.

Ce qu'il falloit démontrer.

Co-

COROLLAIRE.

Si l'on fait A B égale à A C & 20.
E D égale à O D, la Perspective
de BC paſſera par le point E.

CHAPITRE TROISIÉME.

Pratique de la Perspective ſur le Tableau Perpendiculaire.

POur donner une idée claire de
la Théorie, j'ai conſidéré juſ-
qu'ici le plan Géométral, comme
un fond ſur lequel ſeroient les objets & le Spectateur ; & le Tableau
comme une Fénêtre entre le Spectateur & les objets, dans laquelle
on voudroit repréſenter ce qui pa-
roîtroit au dehors. Mais pour la
pratique, il faut concevoir la choſe
d'une toute autre maniére : ce que
je

je vais expliquer le plus clairement
qu'il me sera possible.

Supposons qu'un Peintre veüille,
dans un Tableau dont il détermine
la grandeur à son choix, dessiner
une Campagne où il y ait des Arbres, des Maisons, des Riviéres,
&c. Par ce que nous avons dit,
cette Campagne sera son Plan Géométral, & il devra considérer son
Tableau comme une fenêtre, sur
laquelle il doit trouver les points
par où passent les raïons qui viennent de tous les points des objets
vers son œil. Mais ces interfections des raïons & de la fenétre,
ne peuvent être déterminées que
par des lignes menées dans le Plan
Géométral à la ligne de terre. Or
il seroit impossible aux Peintres,
de mener de pareilles lignes dans
une Campagne ; ainsi il faut qu'ils
prennent un autre Plan Géométral plus commode.

Pour cet effet ils placent au bas
de

de leurs Tableaux, un Plan, dans
lequel ils tracent en petit les bazes
des Maifons, & des Arbres qui font
dans la Campagne, & l'appui des
points, qui, dans ces objets, font
élevez au deffus de la Campagne,
en confervant dans ce nouveau
Plan Géométral, aux objets & à
leurs diverfes parties, la même difpofition qu'elles ont véritablement
entr'elles dans la Campagne.

A préfent pour déterminer dans
ce Plan la grandeur de l'efpace que
doivent occuper ces Figures, un
Peintre, après avoir choifi la difpofition qu'il veut donner à fon œil
par rapport au Tableau, doit tirer
du point de Station, par les extrémitez du Tableau, deux lignes qui
borneront l'endroit où ces figures
doivent être placées, puifque les
rayons qui, des Figures qui feroient
au delà de ces lignes, partiroient
vers l'œil, ne pafferoient plus par
le Tableau.

D

Ces

21.   Ces Figures étant ainsi tracées dans le Plan Géométral, il ne s'agit plus que d'en trouver la Perspective dans le Tableau : mais ces Figures ne consistent que dans des lignes droites ou courbes. Pour trouver la représentation d'une ligne droite, il faut chercher seulement celle de ses extrémitez ; & pour avoir l'apparence d'une ligne courbe, il ne faut que trouver la Perspective de plusieurs de ses points. Or comme tout ceci convient également aux Figures qui sont dans le Plan Géométral, & à celles qui sont au-dessus, il s'ensuit que toute la pratique de la Perspective se réduit à savoir trouver la représentation d'un point.

Pour trouver cette représentation, nous n'employons dans les Problêmes suivans que certaines lignes tirées dans le Plan Géométral & dans le Plan Horizontal, lesquelles par leur interfection avec

la

la ligne de Terre & avec la Ligne Horizontale, donnent le moyen de tracer dans le Tableau de nouvelles lignes, qui déterminent les Perspectives proposées. Or il est visible que pour trouver ces interfections, il n'est pas nécessaire de placer son Tableau perpendiculaire au Plan Géométral & au Plan Horizontal, ce qui rendroit le travail très pénible. On peut donc considérer le Tableau & le Plan Horizontal, comme couchez sur le Plan Géométral, & ne faisant qu'un même Plan avec lui.

Le Tableau peut être couché de deux maniéres, ou sur la face qui regarde les objets, ou sur celle qui est du côté de l'œil. Comme dans cette seconde situation on trace ses Représentations sur la face qui est vers les objets, le Tableau étant couché sur son autre face, ce qui doit être à droit dans ces Représentations est à gauche, & ce

B 2   qui

qui doit être à gauche est à droit ; cela faisant le même effet que si après avoir fait un dessein, on le regardoit par derriére.

Malgré ce défaut nous préférons cette seconde maniére de coucher le Tableau à la premiére : en voici les raisons. 1. Quand on couche le Tableau de l'autre façon, on le couche sur l'endroit du Plan Géométral où il y a déja des Figures tracées, ce qui avec les nouvelles lignes qu'on est obligé de tirer, cause une confusion très-incommode, & oblige toûjours à faire une copie de son Ouvrage. Inconvenient à quoi par la seconde méthode on est rarement exposé. 2. Par la maniére que nous avons choisie, on travaille avec beaucoup plus de facilité. Enfin on peut remédier en plusieurs maniéres au défaut que nous avons marqué. Car en traçant son Plan Géométral, on n'a qu'à mettre à droit ce qu'on

veut

veut repréſenter à gauche : ou ſi le
Plan Géométral eſt tracé ſur du papier, on peut en le frottant d'hui-
le ou de vernis le rendre tranſpa-
rent, & mettre enſuite en Perſpective le revers du Papier.   Et
ſi tout cela n'accommode pas,
après avoir achevé ſon Ouvrage,
on peut en le copiant y corriger ce
défaut ; ce que l'on peut faire aiſément par la Géométrie, & ſi l'on
veut plus facilement encore, en
appliquant à la vitre le côté ſur lequel on a tracé la Perſpective.

Je couche donc mon Tableau
ſur le Plan Géométral, en ſorte
qu'il eſt entre le Plan Horizontal,
& les Figures qu'il faut mettre en
Perſpective.

PROBLEME I.

Trouver la Perſpective d'un point 22.
qui eſt dans le Plan Géometral.

Soit Z le Plan Géométral ,   X Fig. 7.
B 3   le

le Tableau, IE la ligne de Terre,
D V la ligne Horizontale, V le
point de vûë, D un des points de
diftance, & A le point donné.

PRATIQUE.

Du point A, abaiffez la Perpendiculaire A B fur la ligne de Terre,
& du point de rencontre B, menez
la ligne B V au point de vûë; prenez fur la ligne de Terre, B E égal
à B A, & du point E tirez la ligne
E D au point de diftance D : le
point *a* interfection de B V & de E D
eft la Perfpective cherchée.

DÉMONSTRATION.

23. La Perfpective de la ligne A B
*16. eft * une partie de la ligne B V. Si
on fuppofe que de l'œil il parte une
ligne vers le point D, & une autre
du point A vers le point E, ces
deux lignes feront paralléles, étant
dans

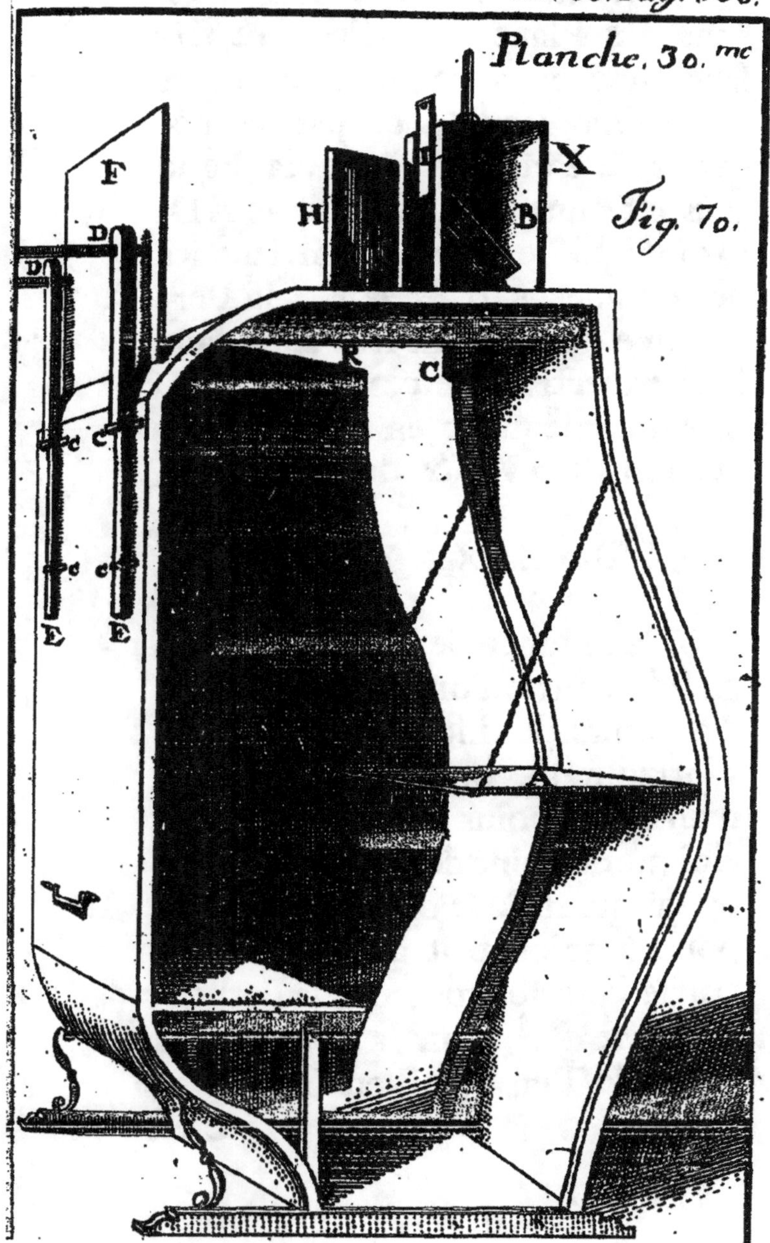

ch. ob. Pag. 30.
Planche. 30.me
F
H
X
B
Fig. 70.
D
D
c c
c c
E E
C

dans des Plans paralléles, & faifant chacune avec le Tableau un
angle demi droit; & par conféquent la Perfpective de la ligne
A E eft *une partie de la ligne E D.   *13.
Or puifque le point A, eft dans les
deux lignes A B & A E, la Perfpective de ce point fera auffi dans
les Perfpectives de ces deux lignes,
& par conféquent en *a* commune
Section de B V, & de E D.

R E M A R Q U E.

Si la diftance de l'œil étoit trop 24.
grande pour qu'on pût marquer un
des points de diftance fur la ligne
Horizontale, on pourroit fe fervir
d'un autre point F, qui ne feroit
éloigné du point de vûë que du tiers
ou du quart de la diftance de l'œil,
pourvû qu'on prît alors auffi une
partie correfpondante de la Perpendiculaire A B, pour la porter fur la
ligne de Terre de B en G.

B 4   C'eft

25. C'est ainsi qu'on peut trouver la Perspective du point fort éloigné, pourvû que l'on connoisse sa distance au Tableau, & l'endroit où une Perpendiculaire tirée de ce point rencontreroit la ligne de Terre. Car après avoir mené une ligne comme B V, de cette rencontre au point de vûë, il faut prendre sur la ligne de Terre B E égal, par exemple, à la dixiéme partie de la distance du point dont on cherche la Perspective, & V H sur la ligne Horizontale, égal de même à la dixiéme partie de la distance de l'œil. Alors C intersection de B V, & de E H, sera la Perspective demandée. On doit employer cette méthode pour trouver les Lointains dans les Tableaux.

On peut encore trouver la Perspective du point A sans tirer la ligne B V, en prenant B I aussi égale à B A, & en tirant de ce point I une ligne à l'autre point de distan-

ce,

Planche 2.de 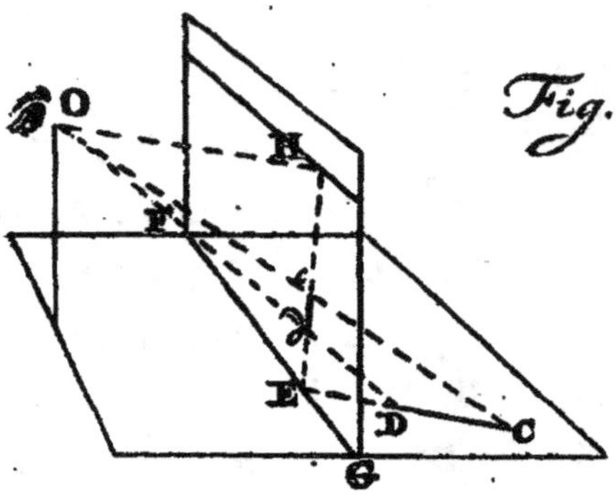
Fig. 5. 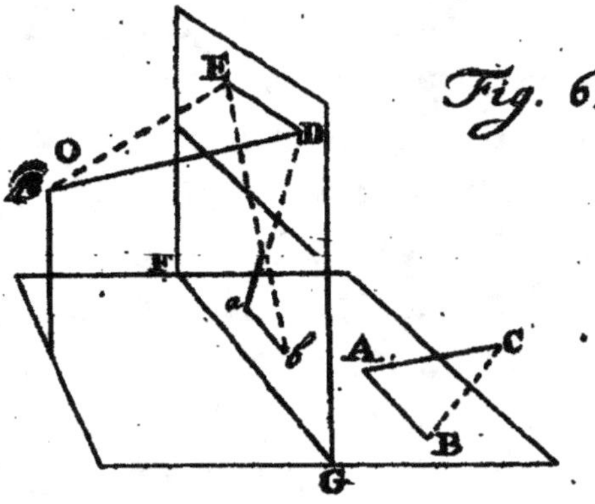
O
H
F
E
D
C
G
Fig. 6. 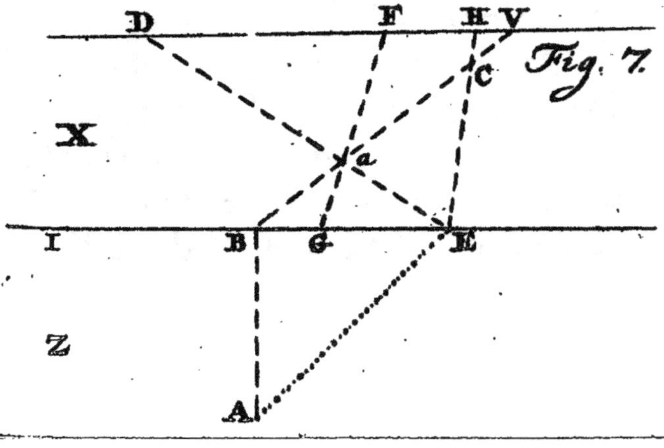
E
O
D
F
a
b
A
C
B
G
D
F
H
V
Fig. 7.
c
X
a
I
B
G
E
Z
A

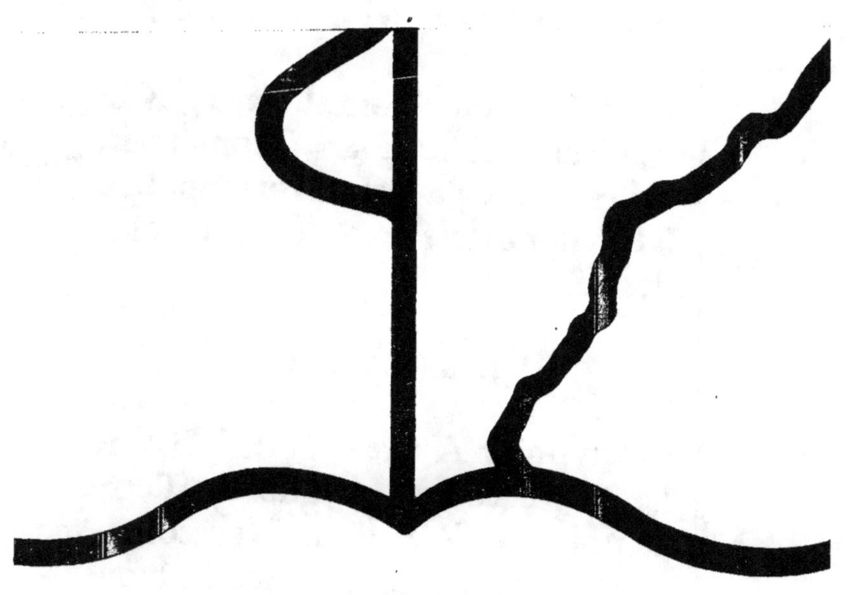

Texte détérioré — reliure défectueuse

NF Z 43-120-11

ce, laquelle donnera la Perspective du point A par son intersection
avec ED.

SECONDE METHODE.

Le Plan Horizontal est Y, X le
Tableau, Z le Plan Géométral,
O l'œil, D C la ligne Horizontale,
B E la ligne de Terre, & A le point
donné.

26.

Fig. 8.

PRATIQUE.

Du point A tirez à l'œil O une
ligne qui coupe la ligne de Terre
au point B & la ligne Horizontale au point C; prenez sur la ligne
de terre B E égal à B A, & sur la
ligne Horizontale C D égal à
C O, joignez les points E & D
par une ligne qui coupera la ligne
A O dans le point *a* qui sera la Perspective cherchée.

B 5   DE-

DEMONSTRATION.

27.   Le triangle O D C dans le Plan Horizontal, est semblable au triangle A B E dans le Plan Géométral; par conséquent A B est paralléle à O C, & A E à O D. Donc

*13   la Perspective de A doit être * dans les lignes B C & E D & partant en *a* leur intersection.

REMARQUE.

28.   Si on ne connoissoit point l'endroit où doit être placé l'œil dans le Plan Horizontal, mais que l'on eût le point de vûë ; alors pour trouver l'endroit de l'œil, il faudroit élever dans le point de vûë à la ligne Horizontale, une perpendiculaire égale à la longueur du rayon principal ; l'extrémité de cette perpendiculaire sera le point cherché.

Quand

Quand rien n'est déterminé, on peut prendre à discretion dans le Plan Horizontal, l'endroit où l'on veut placer l'œil.

TROISIEME METHODE.

Les mêmes choses étant données que dans la méthode précédente, de l'œil O comme centre, décrivez la portion de cercle I H qui rase la ligne Horizontale.

29.

Fig 9.

P R A T I Q U E.

Du point donné **A** comme centre, décrivez la portion de cercle L C, rasant la ligne de Terre. Puis menez les deux lignes C H & L I, dont chacune rase les deux cercles L C & H I. Le point *a* intersection de ces deux lignes est la Perspective cherchée.

B 6   DE-

DEMONSTRATION.

30.   Pour le démontrer, tirez la ligne A B, perpendiculaire à la ligne de Terre; O V perpendiculaire à la ligne Horizontale ; A C & O H perpendiculaires à la tangente H C. Toutes ces perpendiculaires rencontrent les lignes à quoi elles font perpendiculaires dans les points où ces derniéres touchent le cercle L B C , ou H V I. Tirez aussi du point donné A, la ligne A E au point E, où la ligne H C coupe la ligne de Terre ; enfin tirez O D de l'œil O au point D, où la même ligne H C coupe la ligne Horizontale,

*27   Il est évident * que pour démontrer que la Perspective de A est dans la ligne C H, il suffit de prouver que O D est paralléle à A E. Je le prouve ainsi.

A cause des triangles semblables
O G V

OGV & ABF.

$$AF, AB :: OG, OV.$$

altern.

$$AF, OG :: AB, OV.$$

Divid. & altern. la premiére proportion.

$$AF - AB = CF, OG - OV = HG :: AB, OV.$$

Mais à cause des triangles semblables ECF & HGD.

$$CF, HG :: EF, GD$$

Donc si l'on à égard aux deux derniéres proportions des autres triangles.

$$EF, GD :: AF, OG,$$

& l'Angle AFE étant égal à l'Angle OGD, les Triangles AEF & ODG sont semblables ; & partant, AE est paralléle à OD. Ce qu'il falloit démontrer. On démontrera de même que la Perspective du point A est dans la ligne LI, & par conséquent en *a* intersection de cette ligne avec HC.

RE-

REMARQUE.

Bien que cette méthode paroisse plus difficile que les précédentes, à la considérer Géométriquement, elle ne laisse pas d'être plus aisée dans la pratique pour les points qui ne sont pas trop éloignez de la ligne de terre : car on peut fort bien tirer à la vuë, des cercles qui rasent des lignes, & des lignes qui rasent des cercles.

QUATRIEME METHODE.

31.

Fig. 10.

Par l'œil O tirez à la ligne de Terre la paralléle F O G ; prenez sur cette ligne F O égal à la hauteur de l'œil, & O G égal à longueur du rayon principal. A est le point donné.

PRA

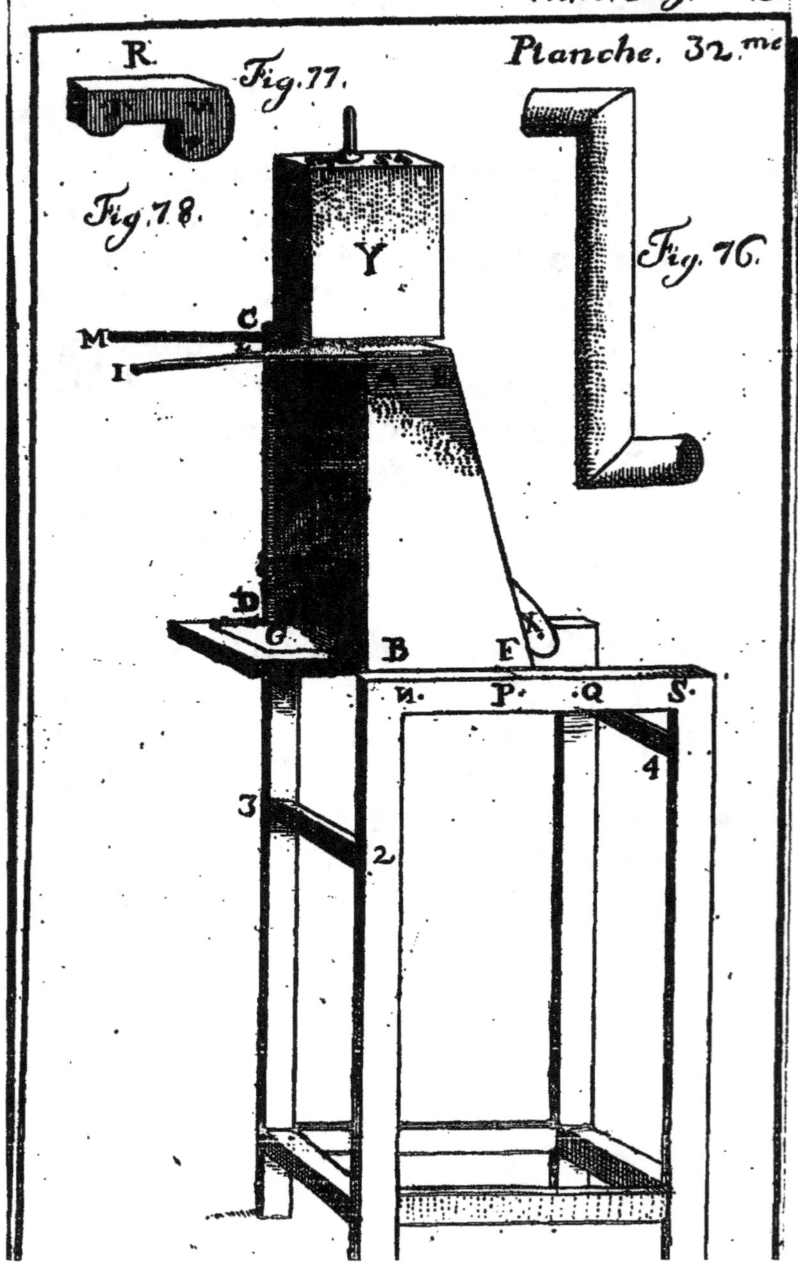

ch. 06. Pag. 38.
Planche. 32.me
R.
Fig. 77.
Fig. 78.
Fig. 76.
Y
M
C
I
D
G
B
F
A
n
P
Q
S
3
2
4

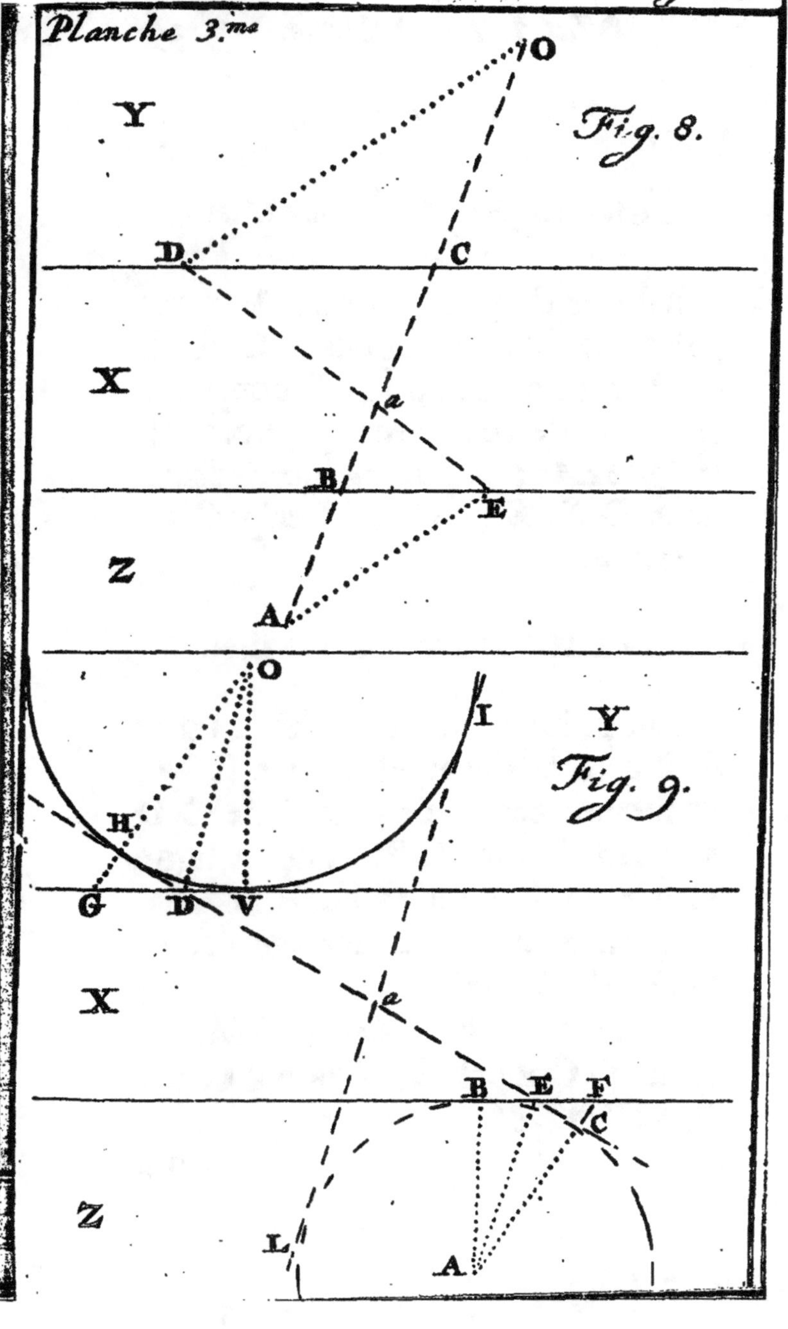

Planche 3.me
Fig. 8.
Fig. 9.
Y
X
Z
Y
X
Z
O
D
C
a
B
E
A
O
I
H
G
D
V
a
B
E
F
C
L
A

PRATIQUE.

Sans employer le compas.

Menez du point donné A, aux points O & F les lignes A O & A F, & du point E où A F coupe la ligne de Terre, tirez au point G la ligne E G ; le point *a* interfection de A O & E G eſt la Perſpective cherchée.

DEMONSTRATION.

Du point G abaiſſez ſur la ligne de Terre la Perpendiculaire G M, & menez par l'œil O la ligne O D au point D interfection de la ligne Horizontale avec G E.

A cauſe des Triangles ſemblables G D L & G E M

GD, GE :: GL, GM.

Mais G O a été fait égale à G L, & O F à L M

donc

donc

GD, GE :: GO, GF

& par conséquent les Triangles
G O D & G F E sont semblables,
& les ligne O D & A E F parallé-
*13 les entr'elles, & partant * la Per-
spective de A E est une partie de la
ligne E D G. On a démontré d'ail-
*27 leurs * que la Perspective du point
A est dans la ligne A O; partant
elle est en *a* intersection de cette
derniére ligne avec E D G. Ce qu'il
falloit démontrer.

REMARQUE.

33. On voit par cette Démonstration
qu'il n'est pas nécessaire de prendre justement G O égal à la distance de l'œil, & O F égal à sa hauteur, mais qu'il suffit que ces deux
lignes ayent entr'elles la même
proportion qui est entre cette
distance & cette hauteur. Il n'est
pas même nécessaire de prendre les

points

points G & F dans une ligne parallèle à la ligne de Terre, mais on peut se servir de quelqu'autre ligne que ce soit, qui passe par l'œil O. Soit par exemple *g* O *f* une ligne menée au hazard par l'œil O ; prenez à discrétion sur cette ligne le point *g*, par lequel menez aussi à discrétion la ligne *g* N I, coupant la ligne Horizontale en N, & la ligne de Terre en I ; menez la ligne O N, & par le point I menez lui une parallèle I *f* coupant la ligne *g* O *f* en *f*.

On pourra se servir alors des points *g* & *f* au lieu de G & F ; car il est évident que dans toutes les lignes qu'on pourra mener, comme *g* N I, *g* N sera toûjours à *g* I : : *g* O, *g f*, ce qui suffit pour la Démonstration.

Si on avoit premiérement déterminé le point *f*, on auroit trouvé le point *g*, par une opération contraire à celle que nous venons de décrire. Quand

34.   Quand rien n'est déterminé on peut, après avoir tiré une ligne qui doit servir de ligne de Terre, prendre à discrétion, sur une autre menée au hazard, les trois points *g* O *f*; de sorte que dans ce cas on n'a en aucune maniére besoin du Compas, pour mettre en Perspective quelque Figure que ce soit, qui est dans le Plan Géométral.   Mais si après avoir travaillé de la sorte, on vouloit connoître le point de vûë la distance & la hauteur de l'œil, il faudroit par les points *f* & O abaisser sur la ligne de Terre, les Perpendiculaires *f* P & O H, & mener la ligne P *g* le point V où elle coupe la Perpendiculaire O H est le point de vûë cherché, & les parties O V & V H déterminent la distance & la hauteur de l'œil.

CIN.

Planche 4.me
Fig. 10.
f
F O G
g
V D N L
a
P E H I M
A

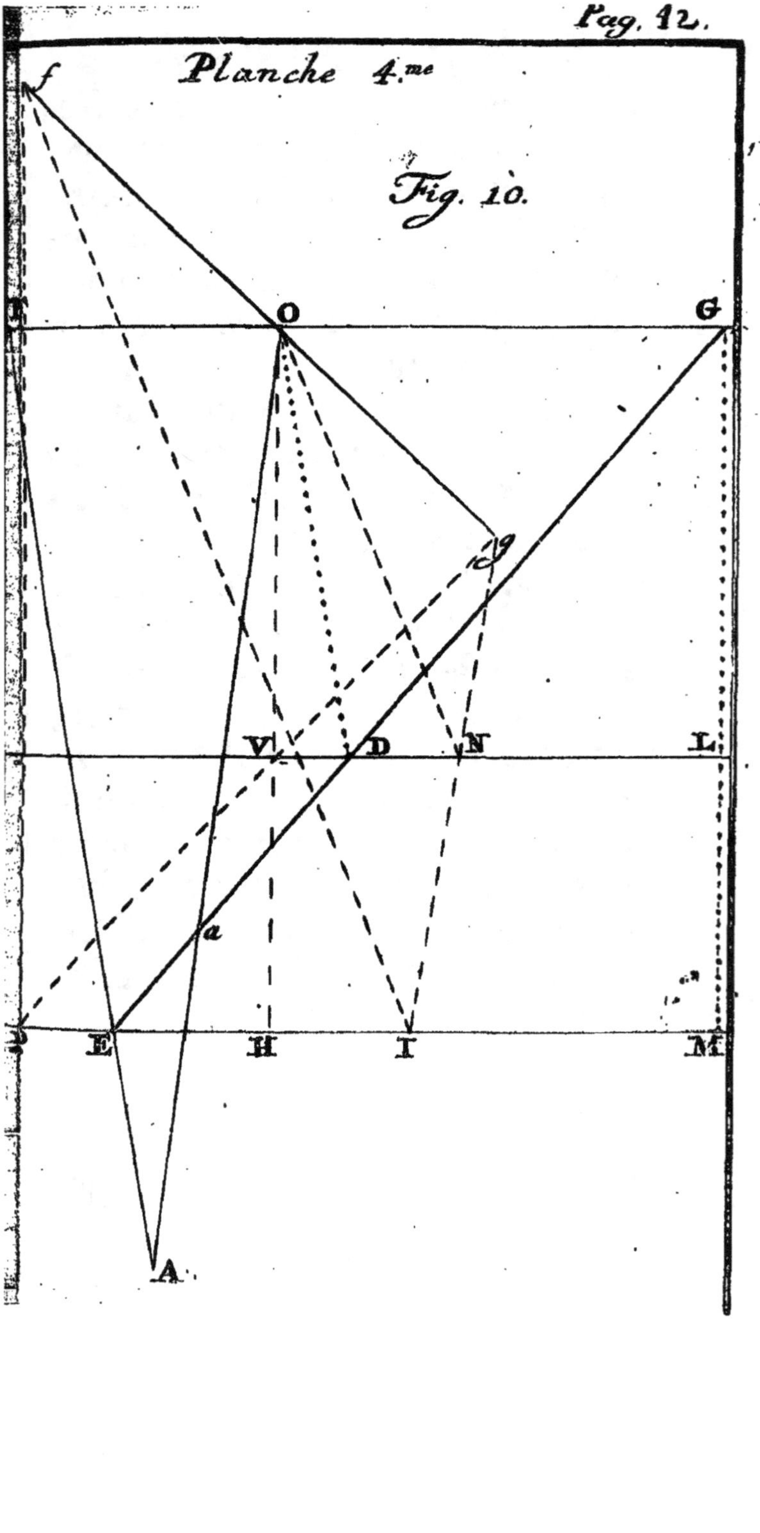

CINQUIEME METHODE.

Quand on a la Perspective 35. *d'un point connu.*

Soit A un point dans le plan Fig. 11.
Géométral, *a* fa Repréfentation
dans le Tableau, il faut trouver
celle de B.

PRATIQUE.

Sans employer le Compas.

Menez du point B une ligne à
l'œil O, & une autre au point A
du point E où cette derniére étant
continuée rencontre la ligne de
Terre; tirez la ligne E *a*, qui par
fon interfection avec BO donne le
point cherché *b*.

De

DEMONSTRATION.

36. 　　Le point E est sa propre Représentation : & puisque le point *a* est
la Représentation de A , la ligne
E *a* est celle de E A.　Or puisque
le point B est dans la ligne E A, la
Perspective de ce point sera aussi
*17 dans E *a*, de même que dans B O*
& par conséquent en *b* intersection
de ces deux lignes.

REMARQUE.

37. 　　Si le point A étoit dans la ligne
B O, ou que la ligne B A fût paralléle ou fort peu inclinée à la ligne
de Terre, on ne pourroit pas se servir de cette méthode , qu'en trouvant par le moyen du point A la
Perspective d'un autre point pris à
discrétion dans le Plan Géométral,
la quelle serviroit dans la suite pour
trouver celle du point B ; mais le
plus

plus court dans ces cas là, est d'employer quelqu'une des méthodes précédentes.

COROLLAIRE.

On voit par cette méthode que 38. quand on à la Perspective de deux points que l'on connoît, on peut trouver celle de quelqu'autre que ce soit, sans avoir égard à la situation de l'œil, puisque dans ce cas on peut mener deux lignes telles que E *a* qui par leur intersection donnent le point cherché.

SIXIEME METHODE.

Les mêmes choses étant données 39. que dans la méthode seconde, soit Fig. 12. F C la ligne Géométrale.

Pra-

Pratique.

Du point donné A menez à discrétion deux lignes A F & A C, qui coupent la ligne de Terre dans les points E & B, & rencontrent la ligne Géométrale dans les points F & C. De ces deux derniers points menez à l'œil les lignes F O & C O, puis par le point E menez E *a* parálléle à F O & par le point B, B *a* parálléle à C O. Le point *a* interſection de ces deux lignes ſera le point cherché.

On peut auſſi commencer par tirer au hazard les lignes O F & O C, & mener par leur rencontre avec la ligne Géométrale, les lignes A C & A F; ce qui revient à la même choſe.

Di-

DÉMONSTRATION.

Pour la Démonstration, ayant continué la ligne E *a* jusques à ce qu'elle rencontre la ligne Horizontale en D, menez un ligne de D à l'œil, & menez par l'œil une paralléle à la ligne de Terre.

Les paralléles O M & F C sont autant éloignées l'une de l'autre que L D l'est de E B; d'où il s'en-suit que F O est égal à E D, & partant O D paralléle à F A. Donc* la Perspective de E A est une par-tie de E D. On démontrera de même que la Perspective de B A est une partie de B *a*.

*13

REMARQUE.

Quand on n'a rien de tracé, & que l'on veut employer cette mé-thode, on peut se passer de la ligne Horizontale; & alors après avoir tracé

40.

tracé la ligne Géométrale, dont la
diftance à la ligne de Terre eft égale à la longueur du rayon principal,
on prend la diftance de l'œil à la
ligne Géométrale égale à la hauteur de l'œil.

Quoi que cette méthode paroif-
fe inutile, étant plus difficile que les
précédentes, nous montrerons dans
le Chapitre huitiéme l'ufage qu'on
en peut tirer.

COROLLAIRE.

42. Il fuit de cette Démonftration
que les Perfpectives des lignes qui
paffent par le point de Station,
font toutes Perpendiculaires à la
ligne de Terre. Car fi de l'œil O
on abaiffe fur la ligne Géométrale
la Perpendiculaire O S, les Perfpectives de toutes les lignes qui paffent
par S feront Perpendiculaires à la
ligne de Terre ; mais ce point S eft
le point de Station. Donc &c.

PRO.

Planche 5.me 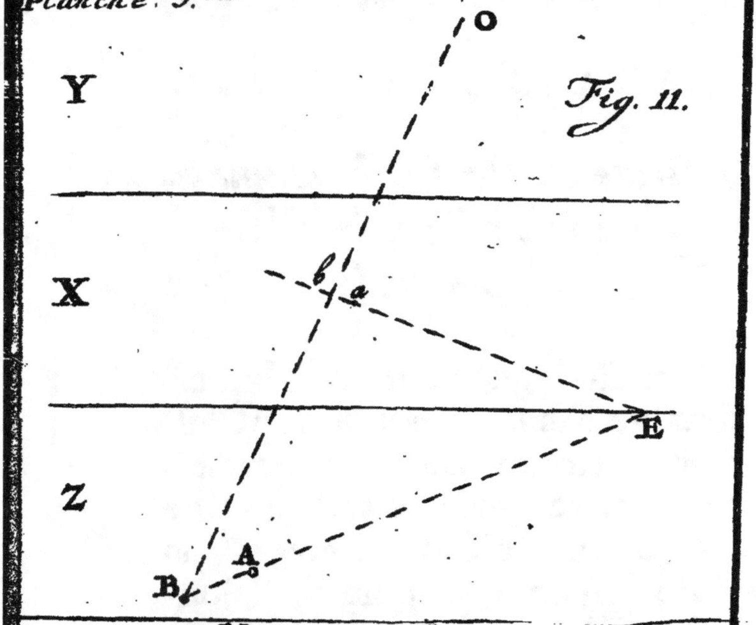
Fig. 11. 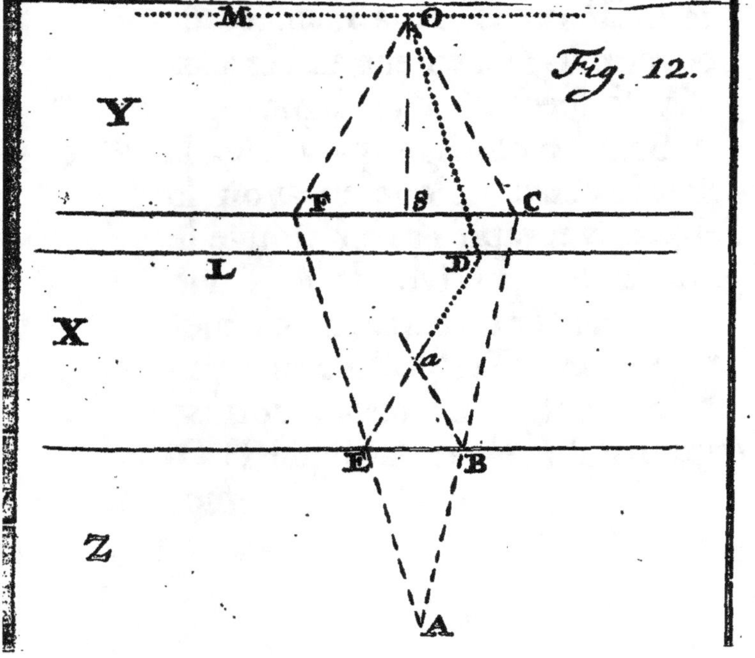
Y
X
Z
O
b
a
E
A
B
Fig. 12.
M
O
Y
F
g
C
L
D
X
a
E
B
Z
A

PROBLEME II.

Mettre en Perspective une li- gne qui est dans le Plan Géométral. 43.

J'ai dit * que pour avoir la Per- * 21.
spective d'une ligne droite, il suf-
fisoit de trouver celle des extrémitez de cette ligne; & quoi qu'il ne
soit pas mal aisé de trouver * la * 22
Perspective de deux points, j'ajoû-
terai néanmoins ici la maniére de
trouver plus facilement en certains
cas la Perspective d'une ligne.

1. Soit AB une ligne paralléle à la Fig. 15.
ligne de terre. Pour en avoir la
Perspective, après avoir trouvé le
point *a* Perspective de A, une
des extrémitez de cette ligne; menez par cette Perspective une paralléle à la ligne de terre; bornez
cette paralléle par la ligne B O

C

me-

menée de B à l'œil : alors *b a* sera la Perspective cherchée.

44.   2. Soit C G une ligne, qui étant continuée rencontre la ligne de terre en E.   Pour en trouver la Perspective, menez à cette ligne par l'œil O, une paralléle qui rencontre la ligne Horizontale en D ; joignez les points E & D par une ligne E D ;   coupez cette ligne aux points *c* & *g*, par des lignes qui des points C & G aboutissent à l'œil ; la partie *c g* de la ligne E D est la Perspective cherchée.

REMARQUE.

Si les lignes G O & C O rencontroient trop obliquement E D, pour qu'on pût déterminer exactément leurs intersections, on ne pourroit pas se servir de cette Méthode.

PRO-

PROBLEME III.

Trouver la Perspective des di- 45.
*visions d'une ligne qui est
dans le Plan Géométral.*

Soit A B une ligne dont la Per- Fig. 14.
spective est *a b*. Pour trouver la
Réprésentation des divisions de
cette ligne, il faut mener de ces
divisions à l'œil, des lignes qui par
leurs intersections avec *a b* donneront les points que l'on cherche.

Quand ces lignes rencontent
trop obliquement *a b*, on doit se servir de la méthode suivante.

SECONDE METHODE.

Pour trouver la Perspective des 46.
divisions de la ligne G C, prenez Fig. 14.
à discretion, hors de cette ligne,
le point D, dont il faut trouver *. *22

C 2

la

la Perspective *d*; puis par les divisions proposées, menez des lignes
à ce point D, & des points où ces
lignes prolongées rencontrent la ligne de terre; menez par la Perspective *d*, d'autres lignes, qui par
leur rencontre avec *c g*, Représentation de C G, donneront les divisions cherchées.

PROBLEME IV.

47. *Mettre en Perspective un Poligone ou quelque autre figure qui est dans le Plan Géométral.*

On peut * trouver la Perspective de toutes sortes de figures, par
chacune des méthodes du Problême I. * La quatriéme * générale-
ment est la plus facile; on peut s'en
servir d'abord pour trouver la Perspective de quelques points, ou
quel-

Planche 6.me
Fig. 13. 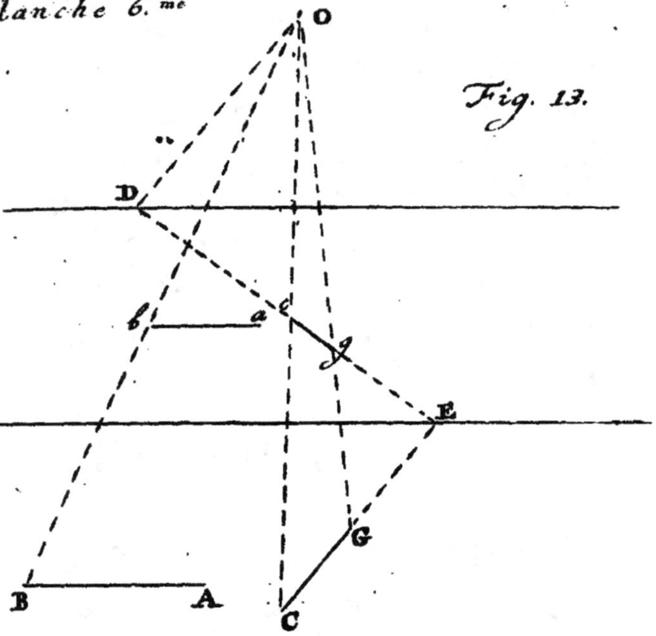
O
D
b a C
d
E
G
B A
C
O
Fig. 14.
b 1 2 3 a
c 1 2 3 g
d
A
B 1 2 3
C 1 2 3 D
G

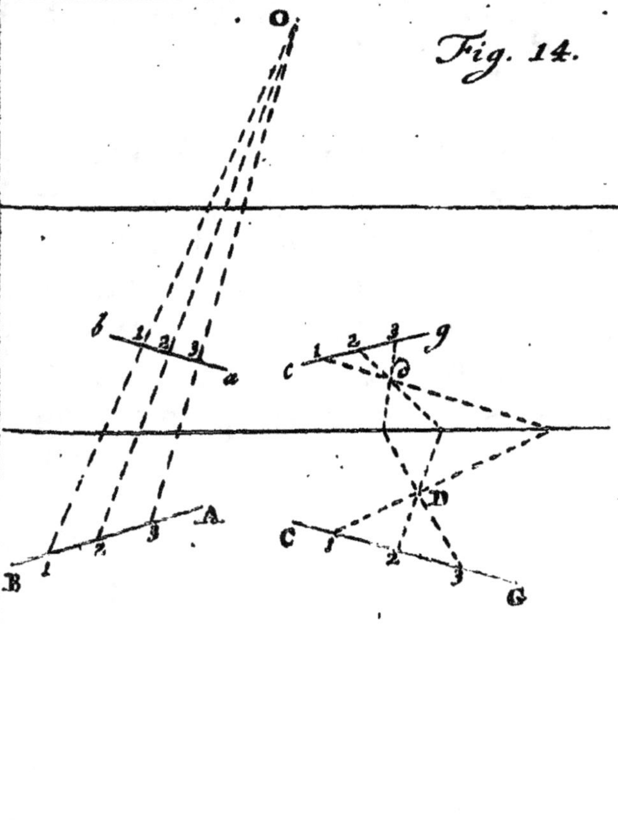

quelquefois feulement d'un feul ;
après quoi la méthode cinquiéme *   * 35.
fert à trouver le refte. Quelquefois encore on abrége par les deux
Problêmes précédens , comme on
le verra dans les exemples qui fui-
vent.

E X E M P L E I.

Mettre en Perspective un Pen-
tagone qui a un de fes côtez
paralléle à la ligne de terre.

Soit A B C D E le Pentagone pro-   Fig. 15.
pofé , dans lequel tirez la ligne B D
qui fera paralléle à A E , par ce que
le Pentagone eft régulier.

Trouvez * la Perfpective de ces   * 44.
deux lignes A E & B D & vous aurez celle de quatre coins du Pentagone ; pour déterminer le cinquiéme, cherchez * la Perfpective d'une   * 43.
ligne qui aille de C en E , & qui

C 3   dans

dans l'exemple présent est paralléle à la ligne de terre, A B ayant été
fait paralléle à la même ligne.

EXEMPLE II.

*Mettre en Perspective un
Parallélograme partagé en
plusieurs autres Parallélogrames.*

Fig. 17.   Soit AB CD un parallélograme
partagé en plusieurs autres.

Menez par l'œil O à la ligne
AD, la paralléle O G, qui rencontre la ligne Horizontale en G ; menez aussi à AB la paralléle O F rencontrant la même ligne Horizontale en F. Prolongez les côtez du
parallélograme & les lignes qui le
divisent, jusques à la ligne de terre ; & des points où aboutisent AD,
CB, & les lignes qui leur sont paralléles, menez des lignes au point
G.

G. De même des points où about-
tissent A B & D C avec leurs paralléles, il faut tirer au point F des lignes, qui par leur intersection avec
celles qui vont au point G , donneront la Perspective que l'on cherche.

REMARQUE.

Quand on ne peut pas user de la
méthode que nous venons de don-
ner, il faut trouver * la Perspective   * 45.
des divisions qui partagent les côtez du parallélograme. Souvent
même on doit avoir recours à cet
expédient pour quelques-uns des
côtez, quoi qu'on ait les points
accidentaux G & F. Cela arrive
quand le parallélograme est si éloigné du Tableau , que ses côtez
étant prolongez ne peuvent pas
rencontrer la ligne de terre.

Remarquez encore que cet exem- 48.
ple seul peut suffire pour mettre
C 4   en

en Perspective toutes sortes de figures, quand elles sont dans le Plan
Géométral : pour cet effet on cir-
conscrit à ces figures un parallélograme quelconque, & on le divise en plusieurs autres : on met en
Perspective ce parallélograme ainsi
divisé, & on y transporte la figure donnée, en lui donnant par
rapport aux petits parallélogrames
dans le Tableau, la même situation
qu'elle avoit à l'égard des petits
parallélogrames dans le Plan Géométral.

E X E M P L E   I I I.

49. *Mettre en Perspective un*
Cercle.

Fig 15.　Il faut * trouver la Représenta-
*21 tion de plusieurs points d'un Cer-
cle ou de quelqu'autre ligne courbe que l'on veut mettre en Per-
specti-

spective. On le fait commodément
en menant dans cette Courbe plusieurs cordes paralléles entr'elles,
dont on trouve * les Perspectives,   * 44.
par les extrémitez desquelles on
mene une ligne courbe, qui est la
Perspective cherchée. On pourroit trouver la même chose en faisant passer ces cordes par un point
dont on auroit la Perspective.

REMARQUE.

Soit G I la ligne Géométrale. 50.
Par le centre P du Cercle, dont Fig. 16.
on cherche la Perspective, a-
baissez à cette ligne la Perpendi-
culaire P F, que vous diviserez
en deux également en R. De R
comme centre, & pour rayon R P,
décrivez la portion de Cercle
MPN, coupant le cercle donné en M
& en N. Si alors on trouve la Per-
spective de L H & de N M, on aura
deux diametres conjuguez d'une

C 5   *Ellipse*

Ellipse qui est la Perspective cher-
chée, & qu'on peut décrire par
quelqu'une des méthodes que don-
nent les Auteurs qui ont traité
des Sections coniques.

Je ne m'arrêterai pas ici à dé-
montrer cette vérité. Voyez la
prop. 10. livr. 2. du grand Ou-
vrage Latin sur les Sections coni-
ques, composé par Mr. de la Hire,
dont la démonstration peut s'ap-
pliquer ici. Si l'on considére 1.
Que c'est dans les points M & N
que les Tangentes menées au Cer-
cle du point F, touchent le cercle.
2. Que les rayons visuels qui par-
tent de l'œil vers tous les points
de la circonférence du cercle for-
ment un cone. 3. Que la Perspec-
tive du cercle, est la section de ce
cone par le Tableau. Enfin on doit
considérer la ligne GI comme si c'é-
toit l'intersection du Plan Géomé-
tral avec un Plan qui passeroit
par l'œil parallele au Tableau.

PRO-

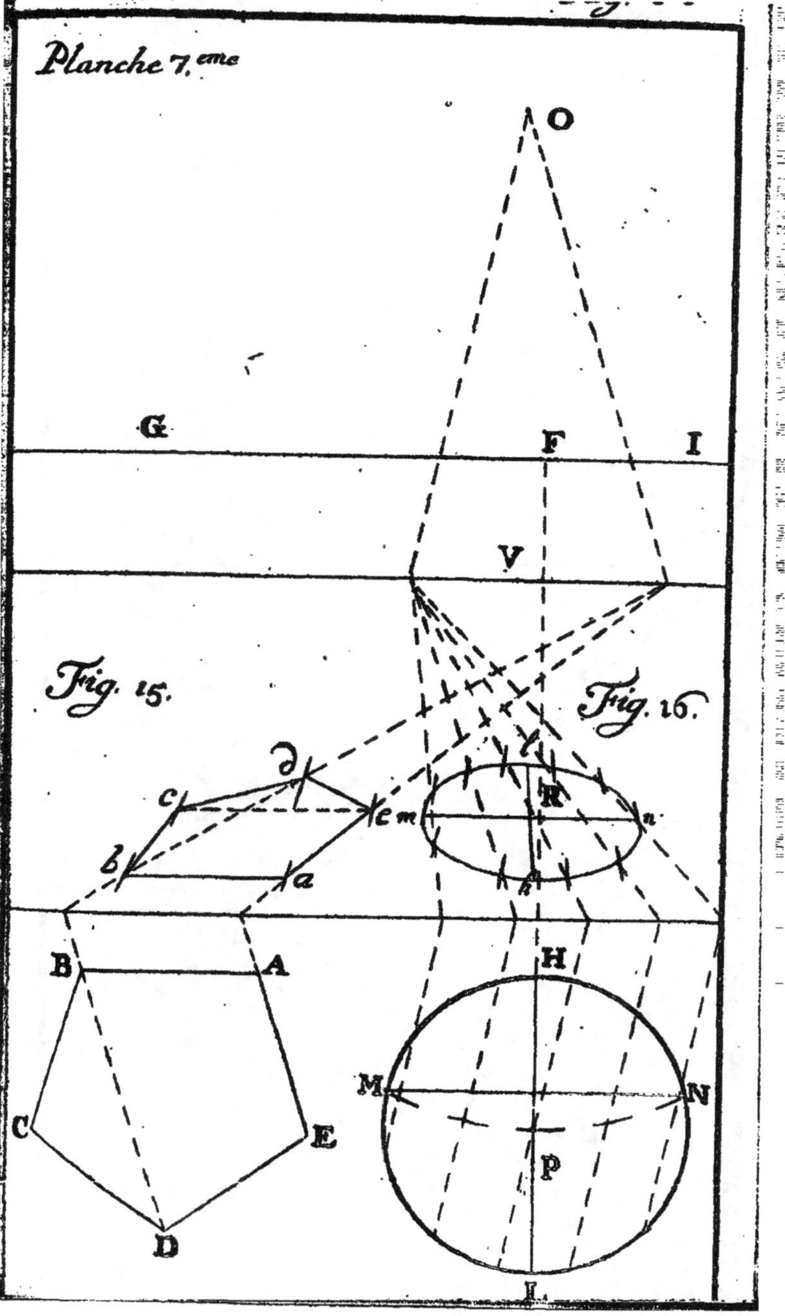

Planche 7.eme
O
G
F
I
V
Fig. 15.
Fig. 16.
d
c
e
m
R
n
b
a
B
A
H
C
E
M
N
D
P
I

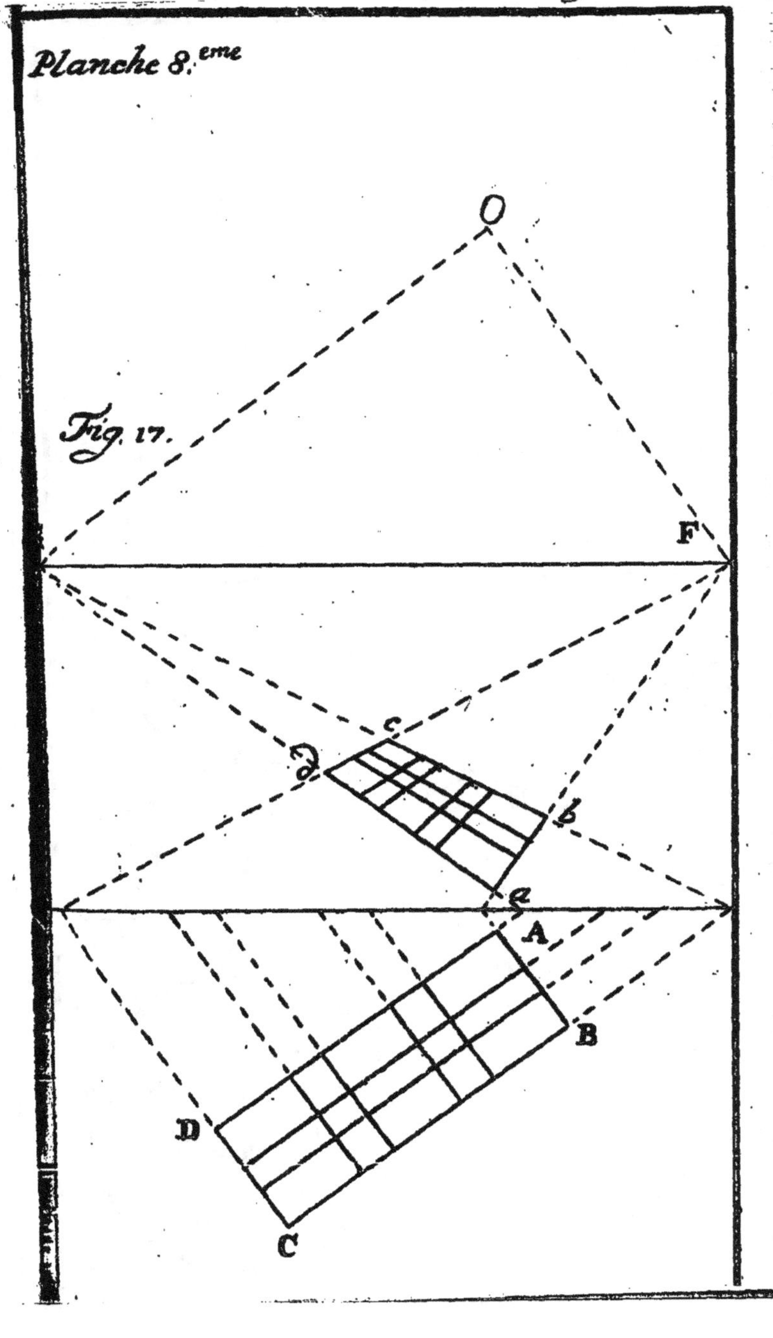

Planche 8.eme
Fig. 17.
O
F
c
d
b
a
A
B
D
C

PROBLEME V.

Trouver la Perspective d'un 51. point en l'air au deſſus du Plan Géométral.

Soit G S la ligne Géométrale, Fig. 18. S le point de Station. Prenez S F ſur la ligne Géométrale égal à la hauteur de l'œil. A eſt l'aſſiéte du point donné.

PRATIQUE.

Portez ſur la ligne Géométrale F C égal à la hauteur du point donné au-deſſus du Plan Géométral; puis menez du point A de ꝝ lignes aux points S & C, & dans le point B interſection de la ligne A S avec la ligne de terre; élevez à la ligne de terre la perpendiculaire B I égale à E B, plus F C, & le point I ſera la perſpective cherchée. C 6 DE-

DÉMONSTRATION.

52.   Suppofons que par l'œil & par le point propofé il paffe un Plan perpendiculaire au Plan Géométral, Il eft évident que l'interfection de ces deux Plans eft la ligne A B S, & que l'interfection du Plan que nous venons de fuppofer avec le Tableau, eft B I. Soit maintenant Fig. 19. X ce Plan, *a b s* les points marquez des mêmes lettres dans la figure précédente, *b i* eft l'interfection de ce Plan avec le Tableau, O eft l'œil & D le point propofé ; il faut démontrer que fi on mene O D, la ligne B I de la figure précédente fera égale à *b i* dans cette figure ; pour cet effet menez par le point D la ligne D L M paralléle à *a b s*. Par les triangles femblables D M O & D L *i*.

DM = *as*, DL = *ab* : : MO, L*i*
Dans la figure précédente on a les trian-

triangles semblables A S C & A B E,
par conséquent

AS, AB :: CS, EB

les trois premiers termes de ces deux
progressions sont les mêmes ; car
CS est égal à MO, puis pu'ils sont
tous deux la différence de la hauteur du point donné avec la hauteur de l'œil; par conséquent EB
est égal à L i; mais BI a été fait égal
à BE, plus FC la hauteur du point
donné au-dessus du Plan Géomé-
tral, & b i est égal à L i, plus b L
qui étant égal à a D, est aussi la
hauteur du point donné au-dessus
du Plan Géométral; donc ces deux
lignes BI & $b i$ sont égales entr'elles. Ce qu'il falloit démontrer.

REMARQUE.

Quand la hauteur du point donné est plus grande que la hauteur
de l'œil, il faut retrancher de cette
prémiére hauteur EB, pour avoir la
grandeur de BI.   C 7   PRO-

PROBLEME VI.

53. *Mettre en Perspective une Piramide ou un Cone.*

Fig. 20. Pour la Piramide, trouvez * la
* 47. Perspective de la baze de la Pira-
* 51. mide, & * celle de son sommet ; puis
de la Perspective du sommet menez
des lignes à la Perspective des angles de la baze, visibles à l'œil pour
lequel on travaille, & on aura la Perspective démandée.

Fig. 21. Pour le cone, après avoir trou-
* 47. vé * la Perspective de sa baze &
* 51. * celle de son sommet, il faut mener par la Perspective du sommet
des lignes qui razent la représentation de la baze, & on aura la Perspective du cone. Mais comme de
cette maniére on est obligé de chercher la Perspective de toute la baze,
quoi qu'il y en ait une qui ne peut
pas

pas être vûë, on pourra par la méthode suivante déterminer sur la
baze la partie qui en est visible,
dont il suffira de trouver la Perspective ; alors pour achever celle du
cone, des extrémitez de la partie
visible de la baze, on ménera des
lignes à la Perspective du sommet.

Déterminer la partie visible 54.
de la baze d'un Cone.

Soit le cercle L I F la baze du Fig. 21.
cone dans le Plan Géométral, A le
centre de cercle.

P R A T I Q U E.

Prenez en quelque endroit de la
ligne de terre, P Q égal au demi-
diametre du cercle L F ; élevez au
point P à la ligne de terre la perpendiculaire P D G, rencontrant la
ligne Horizontale en G ; prenez sur
cette perpendiculaire P D égal à la
hauteur du cone , & menez la ligne

gne QDH, qui rencontre la ligne Horizontale en H. De A comme centre, prenant pour rayon GH, tracez le cercle BCE, & du même point A, menez une ligne au point de Station S; divisez AS en deux parties égales en R; & de R comme centre par le rayon RA, décrivez l'arc de cercle BAC, coupant le cercle BEC dans les points B & C; menez les lignes B AF & CAL, & vous déterminerez la portion visible LIF du cercle de la baze du cone.

DÉMONSTRATION.

Pour la Démonstration, tirez les lignes BC & LF qui coupent la ligne AS en N & en M; prenez Gn égale à AN & menez la ligne nDm. Il est clair que si l'on continuë le cone au-dessus de son sommet, c'est-à-dire, qu'on forme le cone opposé, ce cone coupera le

Plan

Plan Horizontal dans un cercle égal à BEC, *& dont* BEC *sera l'assiéte: de sorte que le point* S *est à l'égard de* BEC, *dans la même situation qu'auroit l'œil, par rapport au cercle formé dans le Plan Horizontal par la continuation du cone; d'où il s'ensuit que* BC *est l'assiéte de la portion visible de ce cercle. Car par la construction,* B *& C sont les points d'attouchement des Tangentes au cercle* BEC, *qui passeroient par le point* S, *puisque l'angle* ABS, *étant dans un demi cercle, seroit droit.*

Maintenant si on suppose un Plan qui passe dans le Plan Horizontal par les points dont B *& C sont l'assiéte, & qui coupe les deux cones opposez en passant par leur sommet, il est évident que ce plan continué coupera le Plan Géometral dans une ligne qui sera paralléle à* BNC, *& que cette ligne déterminera sur ce plan la portion* visi-

*visible de la base du cone. Ainsi, puisque G*n *a été fait égal à* AN, *il suffit de démontrer que* P*m est égal à* AM. *Car il s'enfuivra de là que* LMF *est la commune section du Plan Géométral avec le plan que nous avons imaginé descendre du Plan Horizontal.*

Dans les triangles semblables DQP & GHD,

DG, DP : : GH, PQ.

A cause des triangles semblables DP*m* & DG*n*,

DG, DP : : G*n*, P*m*,

donc

GH, PQ : : G*n*, P*m*.

Les triangles semblables BAN & LAM *donnent*

BA, AL :: AN, AM.

Mais les trois prémiers termes de ces deux derniéres proportions font égaux entr'eux ; donc P*m est aussi égal à* AM. *Ce qu'il falloit démomtrer.*

REMARQUE.

Quand la hauteur du cone est 55. plus grande que celle de l'œil, les points G & H se trouvent au def-fous du point D. Dans ce cas-là on prolonge les lignes AB & AC, en forte qu'elles coupent le cercle dans les points *l* & *f* oppofez à L & F : & la partie *lIf* eft la partie vifible.

Quand le cone eft incliné, de forte que T, par exemple, foit l'af-fiéte de fon fommet, il faut mener AT, & après avoir pris PD égal à la hauteur perpendiculaire du cone, & P*t* égal à AT, il faut mener la ligne *t*D*x*, & prendre fur AT, la partie TX égale à G*x* ; puis, après avoir mené XS, menez lui la paralléle A*s* qui lui foit égale ; après quoi il faut appliquer entié-rement ici l'opération que j'ai dé-crite pour le cone perpendiculaire,

avec

avec cette seule différence , qu'il
faut se servir du point *s* , au lieu de
se servir du point de Station S.
Quand la hauteur du cone est plus
grande que celle de l'œil , il faut
prendre le point X sur la ligne TA
entre les points T & A.

La raison de toute cette opéra-
tion est évidente , après la démon-
stration du cone perpendiculaire;
car il est clair que x est l'assiéte du
centre du cercle , que forme dans
le Plan Horizontal le cone conti-
nué; par conséquent le point s , est
à l'égard du cercle BED, dans la
même situation que le feroit l'œil
à l'égard de l'interfection du cone
continué & du Plan Horizontal.

Remarquez encore que par la
méthode ordinaire la Perspective
du cone ne peut presque jamais
être aussi exacte qu'elle le sera par
celle-ci.

PRO-

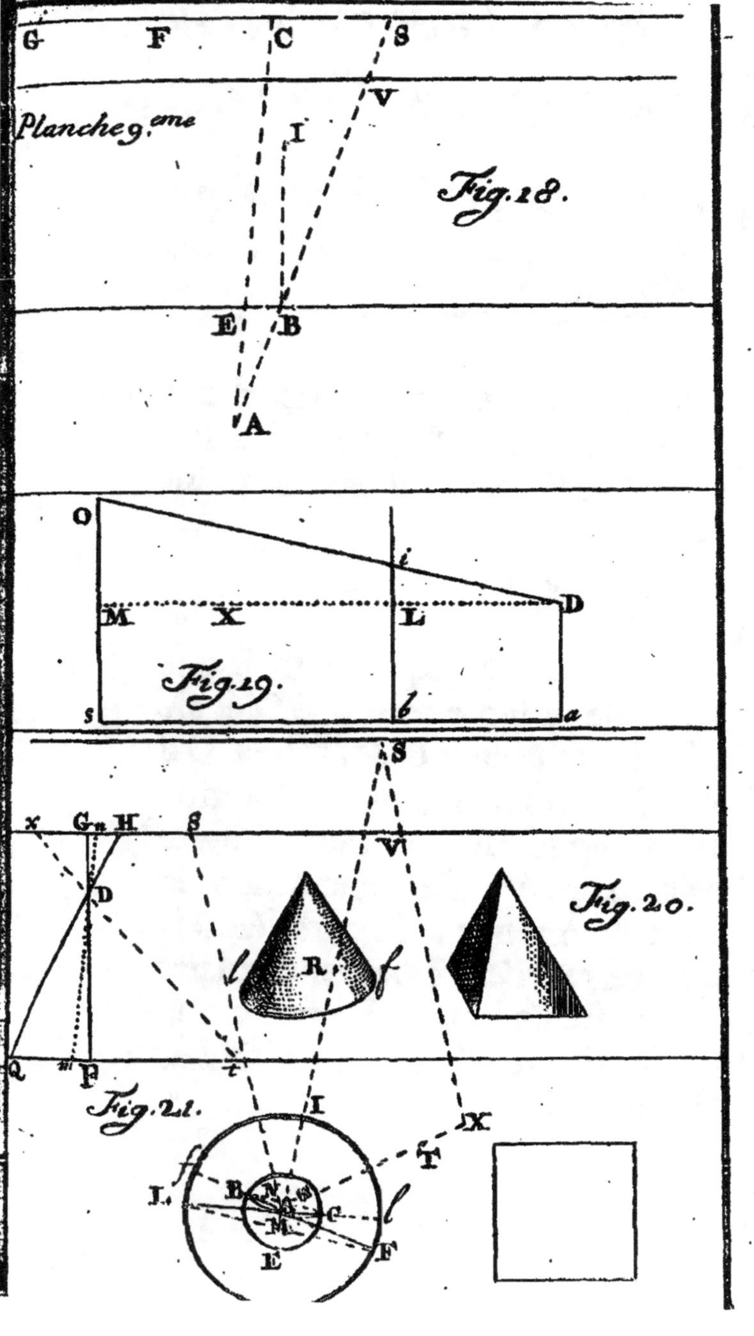

G F C S
Planche 9.eme
V
I
Fig. 28.
E B
A
O
i
M X L D
Fig. 19.
s b a
S
x G H s
V
D
Fig. 20.
R
Q P t
Fig. 21.
I
X
T
f
L B N s
M C
E F

PROBLEME VII.

Trouver la Perspective d'une 56. *ligne, perpendiculaire au Plan Géométral.*

Il faut trouver l'apparencé d'une Fig. 22, ligne égale à BC & perpendiculaire au Plan Géométral dans le point A.

PRATIQUE.

Prenez en quelque endroit que ce soit de la ligne terre, ED égale à BC; des points D & E tirez DF & EF au point F pris à discretion dans la ligne Horizontale. Ensuite ayant trouvé *a Représentation du *22. point A, menez *a H* paralléle à la ligne terre, & *a I* perpendiculaire à cette même ligne, & vous aurez la Perspective cherchée en faisant *a I égal à GH.

DE-

DÉMONSTRATION.

57. Cette Perspective doit être per-
6 pendiculaire à la ligne de terre,
10 & égale à la Perspective de la ligne A L, qu'on tirera du point A
paralléle à la ligne de terre, &
qu'on fera de la même grandeur
que B C. Si des extrémitez de la ligne A L on abaisse à la ligne de
terre des perpendiculaires qui la
rencontrent dans les points P & M,
& que de ces points on mene des
lignes au point de vûë V, alors
*5. 16 *a* N sera* la Perspective de A L; &
puisque P M est égale à D E, *a* N
le sera aussi à G H, & par conséquent *a* N sera égale à *a* I, qui est
égale à G H.

SECONDE METHODE.

58. Les mêmes choses étant données
Fig. 23. que dans la Méthode précédente.

PRA.

PRATIQUE.

De **A** comme centre & pour rayon **B C**, décrivez l'arc de cercle **L M**, & tirez par l'œil la ligne **O L** qui le raze ; puis du centre *a*, Représentation de **A** ; décrivez l'arc de cercles **G I** razant la même ligne **L O**, & coupant dans le point **I** une autre ligne qui passe par *a* & qui est perpendiculaire à la ligne de terre ; ce point sera l'extrémité de la Perspective cherchée.

DÉMONSTRATION.

Pour la Démonstration, abaissez sur la ligne **O L** les perpendiculaires **A L** & *a* **G** qui la rencontrent dans ses points d'atouchement aux cercles **M L** & **G I**.

Prenez aussi sur la ligne de terre **D E**, égal à **B C** ou **A L**, & tirez

la

la ligne DF ; puis menez par *a*, *a*H
paralléle à la ligne de terre.

Fig. 24.   Confidérez à préfent la figure X
qui repréfente un plan qui paffe
par l'œil & par le point A de la figure précédente ; *of*, y repréfente
OF ; *fe*, y repréfente FE ; & enfin
e A, y repréfente EA de la même
figure précédente.

* 27   *of* eft * paralléle à *eA*, & par
conféquent le triangle *ofa* eft femblable au triangle *aeA*, & partant
on a cette proportion.

$$of, fa :: Ae, ea$$
comp.
$$of + af, fa :: Ae + ea, ea$$
altern.
$$of + fa, Ae + ea :: fa, ea$$
comp. & perm.
$$of + fa + Ae + ea, of + fa :: fa + ea, fa$$

Cette derniére proportion étant
réduite à la figure précédente, elle
donne celle-ci,

$$OA, Oa :: FE, Fa.$$

A caufe des triangles femblables
OAL & O*a*G.   OA,

OA, O*a* : : AL, *a*G,
& par les triangles semblables FED
& F*a*H.

FE, F*a* : : DE, H*a*,
& par conséquent si l'on considére
ces trois proportions, on aura
AL, *a*G : : DE, H*a*

Mais DE a été fait égal à AL,
& partant *a*G ou *a*I l'est aussi à
*a*H, qui * est égale à la Perspecti-   *57
ve que l'on cherche. Ce qu'il falloit démontrer.

TROISIEME METHODE.

Vers un des côtez du Tableau, 59.
élevez à la ligne de terre la perpendiculaire CB, égale à la hauteur de   Fig. 25.
l'œil; & prenez sur cette perpendiculaire BL égal au double de la
perpendiculaire dont on demande
la Perspective.   S est le point de
Station; A celui ou la perpendiculaire rencontre le Plan Géometral.

D   P R A

Sans employer le Compas.

*31. Après avoir trouvé * *a* Perspective de A, menez la ligne A S coupant la ligne de terre en E, par lequel point E menez la ligne E *a*; du point B, menez au point *a* une ligne B *a* coupant la ligne Horizontale en F; par le point F, menez au point L une ligne qui coupe E *a* en I; alors *a* I est la Perspective cherchée.

DÉMONSTRATION.

Pour la Démonstration, soit G N une perpendiculaire à la ligne de terre, au point G interfection de cette ligne avec la ligne B F; soit auffi G D égal à la perpendiculaire dont on a cherché la Perspective, & *a* H paralléle à la ligne de terre.

Il

Planche 20.me 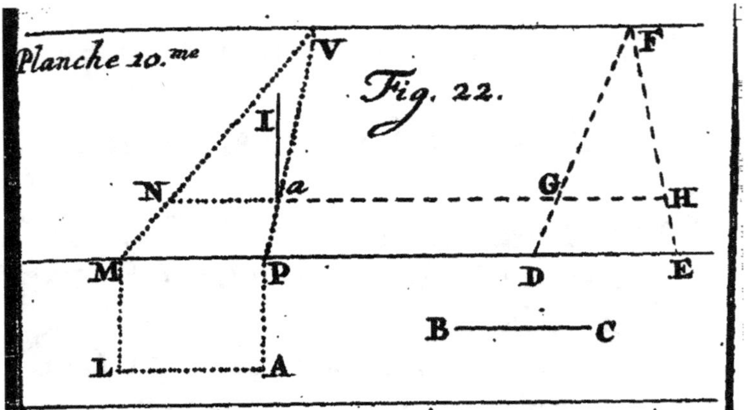
Fig. 22.
V
F
I
N   a   G   H
M   P   D   E
B——————C
L   A
O
F
I
H   a   G
D   E
B——————C
A   L
M
X
Fig. 24.
a

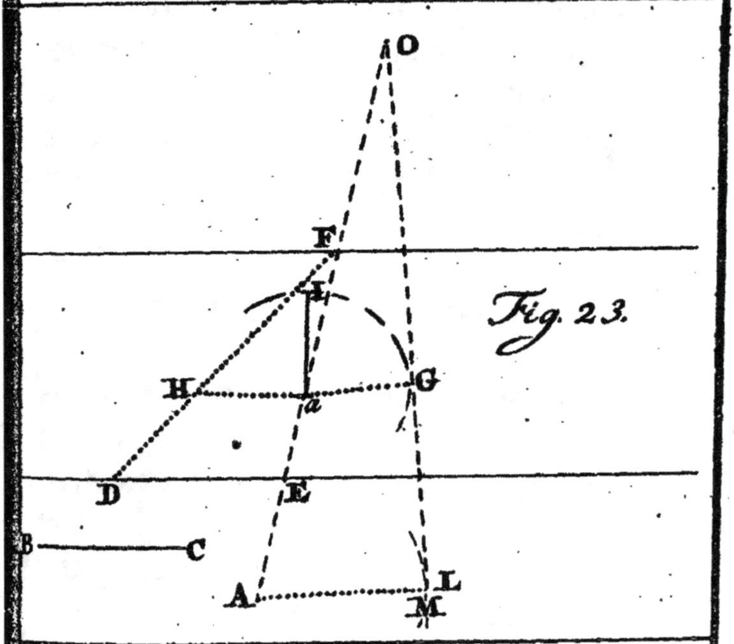

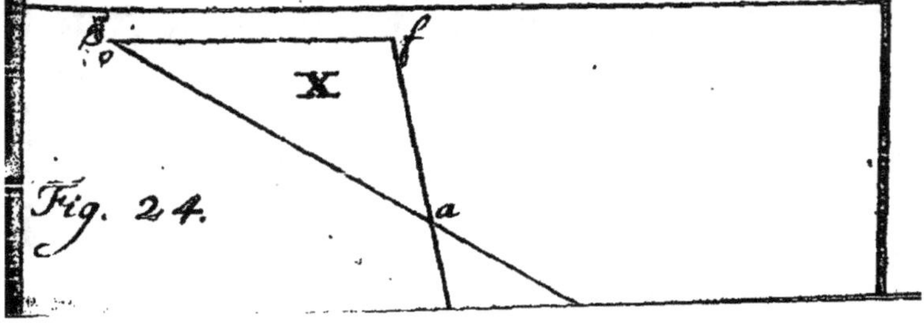

Il est clair que la Perspective de E A est E *a*: mais E A passe par le point de Station; par conséquent* sa Perspective est perpendiculaire à la ligne de terre ; ainsi * il suffit de faire voir que *a*I est égal à *a*H.

Dans les triangles semblables B G C & B F M.

B C, B M :: B G, B F.

Mais B M par la construction est double de B C; donc B F est aussi double de B G , qui, par conséquent, est égal à G F.

A cause des triangles semblables F G N & F B L.

F G, F B :: G N, B L.

Or on vient de démontrer que F G est la moitié de F B, donc G N est aussi la moitié de B L, & par conséquent égal à la hauteur de la perpendiculaire proposée.

Les triangles F G N & F *a* I étant semblables

F G, F *a* :: G N, *a* I

Mais F G, F *a* :: G D, *a* H, à cause

* 42
* 57

D 2   des

des triangles semblables F G D &
F *a* H.

donc

G N, *a* I :: G D, *a* H.

Or G N vient d'être démontré égal
à la perpendiculaire dont a cherché
la perspective, & D G est supposé
égal à cette perpendiculaire; donc
ces deux lignes sont égales entr'elles, & partant *a* I & *a* H le sont
aussi. Ce qu'il falloit démontrer.

R E M A R Q U E.

On auroit pû prendre C P égal
à la Perpendiculaire, & se servir
du point C au lieu de B, & du
point P au lieu de L. La raison
pourquoi j'aime mieux employer
les points B & L, c'est qu'il faudroit presque toûjours continuër
la ligne Horizontale pour la couper
par une ligne qui passeroit par C
& *a*; quelquefois même cette intersection ne se feroit qu'à une
distan-

distance infinie, au lieu qu'en employant le point B, F M ne peut jamais être plus du double de la largeur du deſſein que l'on veut faire.

COROLLAIRE.

On peut reſoudre le prob. 8. par celui-ci; car un point en l'air peut être conſideré comme l'extrémité d'une perpendiculaire au Plan Géométral.

PROBLEME VIII.

Mettre en Perſpective un Priſ- 60. *me ou un Cilindre perpendiculaire au Plan Géométral.*

La baze du Priſme dans le Plan Fig. 26. Géométral eſt G H I L M N; la perſpective de la partie viſible de cette baze, dans le Tableau; eſt

D 3 *nghi.*

n g h i   ou r achever la repréfenta-tion du Prifme, menez par les points *n g h* & *i*, des perpendicu-laires à la ligne de terre ; détermi-nez * la longueur de ces perpendi-culaires, en forte quelles repréfen-tent des perpendiculaires au Plan Géométral, égales à la hauteur du prifme, & trouvez * la Perfpecti-ve des autres angles de la face fu-périeure du Prifme en les confidé-rant comme des points en l'air : joignez par des lignes les Per-fpectives de tous ces angles, & vous aurez la Perfpective entiére du Prifme.

61.   Pour le Cilindre, ayant trouvé la Perfpective de fa baze & celle de fa face fupérieure en trouvant * la Perfpective de plufieurs points en l'air, de la hauteur du Cilindre au deffus du Cercle de la baze, éle-vez deux perpendiculaires à la ligne de terre, dont chacune raze les perfpectives des deux faces du Ci-lin-

lindre, & qui foient terminées par les points où elles touchent les courbes, & vous aurez la Perfpective cherchée. Mais pour ne fe point engager dans des opérations inutiles, on pourra déterminer la portion vifible de la baze du Cilindre, en tirant du centre A la ligne A S au point de Station S ; après quoi il faut divifer cette ligne en deux parties égales en R ; & de ce point comme centre & pour rayon R A, il faut d'écrire l'arc du cercle B A C qui coupe la baze en B & en C, qui font les deux derniers points de cette baze qui peuvent être vûs.

SECONDE METHODE.

Pour trouver d'une autre maniére la face fupérieure du cilindre ou du cone ; les mêmes chofes étant données que dans la méthode précédente, on tire dans le Tableau à

62.
Fig. 26.
27°

D 4   la

la ligne de terre la paralléle P Q,
dont la diftance à cette même ligne
de terre eft égale à la hauteur du
prifme ou du cilindre dont on
cherche la Perfpective. Puis on
change fon Plan Géométral , en
forte que la ligne de terre convienne avec la ligne P Q , & que dans
cette tranfpofition une perpendiculaire à la ligne de terre convienne avec cette même perpendiculaire continuée vers P Q. Enfin eu
employant P Q pour ligne de terre,
* 47. on cherche * la Perfpective de la
baze du Prifme ou du Cilindre ,
ainfi changée de fituation ; & cette
Perfpective eft la repréfentation de
leur face fupérieure.

DÉMONSTRATION.

Suppofons que le Plan de la face
fupérieure du Prifme ou du Cilindre, foit continué, il rencontrera
le Tableau en P Q ; & dans ce Plan
con-

continué la face supérieure sera à
l'égard de P Q , dans la même situation que l'est dans le Plan Géométral la baze à l'égard de la ligne de
terre.   Si donc on suppose que ce
Plan continué soit couché sur le
Tableau, les faces supérieures du
Prisme ou du Cilindre convien-
dront avec les bazes changées comme nous avons dit ; & partant la
Perspective de ces bazes changées,
sera celle des faces supérieures. Ce
qu'il falloit démontrer.

Remarque.

La transposition des figures se fait
facilement en pliant le papier.
Quand la hauteur du prisme est
plus grande que celle de l'œil , le
plus court est de se servir de la méthode précedente.

D 5

PRO-

PROBLEME IX.

63. *Mettre en Perspective un corps creux.*

Fig. 28.   Après avoir trouvé la Perspective du corps même, on trouve celle de sa cavité, en considérant cette cavité comme si c'étoit un nouveau corps.

PROBLEME X.

64. *Mettre en Perspective une Sphere.*

Fig. 29.   Soit A l'assiéte du centre de la
* 51.   Sphere ; il faut * trouver le point I, Perspective de ce centre, & mener la ligne I V au point de vuë V. Elevez à cette ligne la perpendiculaire V F égale à la distance de l'œil au Tableau, & prenez sur cette

per-

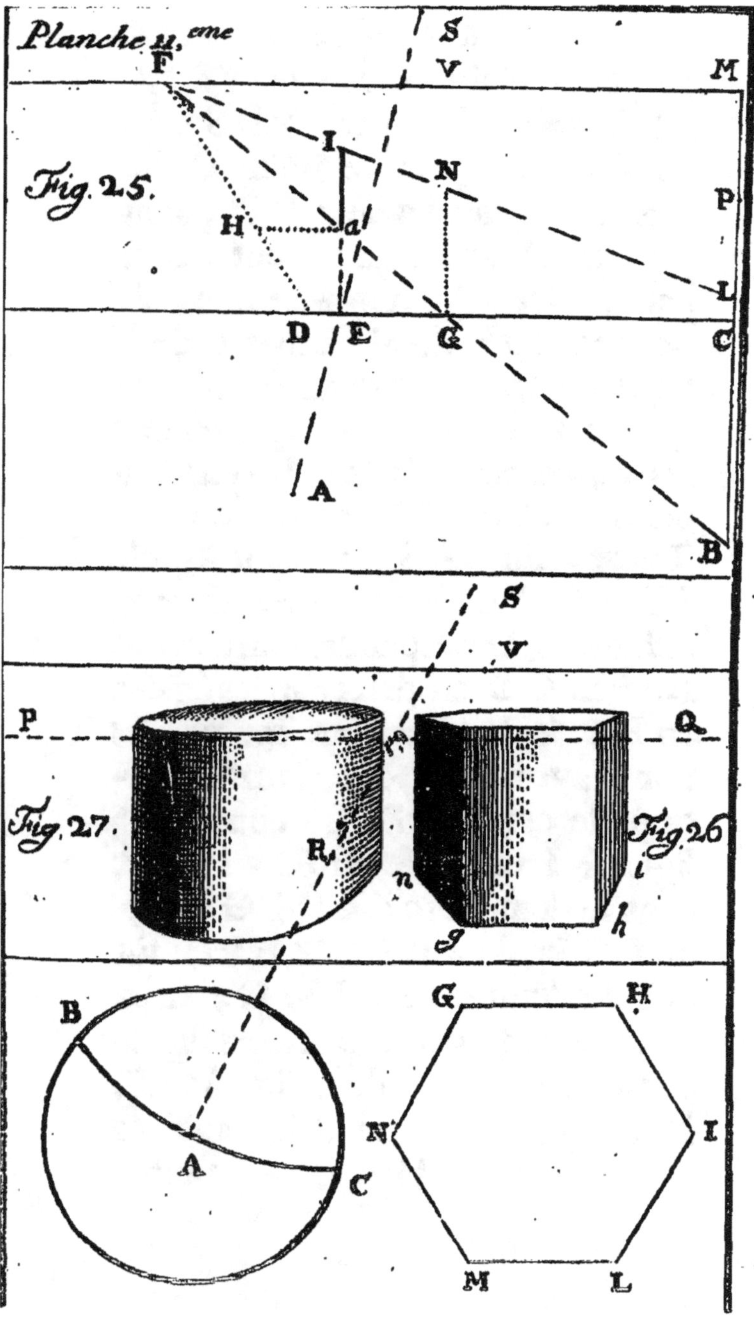

Planche 11.eme
Fig. 25.
F
S
V
M
I
N
P
H
a
D
E
G
C
L
A
B
S
V
P
Q
Fig. 27.
Fig. 26.
R
n
i
g
h
B
G
H
N
I
A
C
M
L

perpendiculaire continuée V P égal
à la distance du centre de la Sphére
au Tableau. Par le point P menez à V I la paralléle P Q, coupant en Q une ligne menée de F
par I. De Q comme centre, &
pour rayon le demi diamétre de la
Sphére, tracez le cercle C B, auquel par le point F vous menerez
les tangentes F C & F B qui couperont la ligne I V en G & en E.
Tracez sur G E le demi cercle
E D T G dans lequel vous menerez
la ligne G D perpendiculaire à F I.
Divisez G D en deux parties égales
en H; & de H comme centre, &
pour rayon H D, décrivez la portion de cercle L D R, coupant la
ligne F I en L & en R. Prenez
dans le demi cercle E D T G la corde G T égale à R L, & tracez sur
G T le demi cercle T *m* G; tirez
dans ce demi cercle plusieurs lignes
comme *m n* perpendiculaires à G T,
& coupant la ligne G E dans les

 points

points *p*, dans lesquels vous éleverez à G E les perpendiculaires *p q*
que vous ferez chacune de part &
d'autre de la ligne G E, égales à
la partie *m n* de la ligne *m p* qui leur
répond.   Tous les points *q* sont
des points de la Perspective demandée, & par lesquels par conséquent
il faut mener une ligne courbe qui
sera la représentation cherchée.

DÉMONSTRATION.

Les rayons par lesquels on voit
une Sphére, forment un cone droit,
dont la Section par le Tableau est
la Perspective demandée, & dont
l'axe passe par le centre de la Sphére: d'où il s'ensuit que le point I
est le point du Tableau par où traverse cet axe.   Mais quand un
cone droit est coupé par un Plan,
en sorte que la section est une Ellipse, comme cela arrive ici, le grand
axe de cette Ellipse passe par le
point

point de rencontre de ce Plan avec
l'axe du cone, & par le point où
aboutit une perpendiculaire du
sommet du cone au même plan. Cela
paroît évidemment pour peu qu'on
soit accoûtumé à considérer les
Sections coniques dans le solide.
Donc le grand axe de l'Ellipse,
qui est la Perspective de la Sphére, est une partie de I V ; car
l'œil est le sommet du cone que forment les rayons visuels de la Sphére.

Supposons maintenant qu'il passe
un Plan par l'œil & par la ligne
I V ; ce Plan passera par le centre
de la Sphére : & si de ce centre on
abaisse une Perpendiculaire sur le
rayon principal continué, la portion de ce rayon comprise entre le
point de vûë & la rencontre de
cette perpendiculaire, qui est toûjours paralléle au Tableau, sera
égale à la distance du centre de la
Sphére au Tableau, & par consé-

D 7

quent

quent à V P. Partant si le Plan
dont nous venons de parler tour-
noit sur la ligne V I, comme sur
son axe jusques à ce qu'il convint
avec le Tableau, le centre de la
Sphére rencontreroit le Tableau
en Q, & l'œil le rencontreroit en F;
d'où il s'ensuit que la partie G E
de la ligne I V est le grand axe de
l'Ellipse démandée.

Fig. 30.
31.
 Dans la fig. 30. G D E & dans
la fig. 31. g e f réprésentent les
points marquez des mémes lettres
dans la figure précédente. Si on
suppose achevé le cone dont les lignes fg & fe marquent le profil,
& qu'on le suppose coupé par un
Plan qui passe par la ligne ge & qui
est perpendiculaire au Plan de la
figure, on aura une Ellipse g 4.
e 3. semblable à celle que doit donner la Perspective de la Sphére.
Si on suppose encore le même cone
coupé par un Plan I 4. m 3. paralléle à sa baze, & qui divise ge

en deux parties égales en n, *il est évident que* 3. 4. *commune section du cercle* l 4. m 3. *& de l'Ellipse* g 4. e 3. *est le petit axe de l'Ellipse; & partant ce petit axe est égal à la ligne* 4. 3. *perpendiculaire dans le point* n *au diametre* lm, *du cercle* l 4. m 3. *Tirez à present dans la figure* 30. *les lignes* EO *&* GY *parallèles à* LM. *Dans les triangles semblables* EGY *&* ENM.

EG, EN :: GY, NM, *Mais* E G *est double de* E N; *donc* GY *l'est aussi de* NM; *& partant* NM *est égal à* G Z. *On démontre de même que* L N *est égal à* XE, *d'où il s'ensuit que* G D *est égal à* LM *& est coupé en* z, *de même que* LM *l'est en* N; *& partant* RL *ou* GT *de la figure* 29. *est égal à* 3. 4. *de la figure* 31., *& par conséquent égal au petit axe de l'Ellipse que l'on doit tracer. D'un autre côté il est clair par la construction, que celle des perpendi-*

eu

culaires mn, fig. 29. qui paſſe par le centre du demi cercle G m T, coupe l'axe G E en deux parties égales : car ſi on tire une ligne de T en E, elle ſera perpendiculaire à GT, & par conſéquent paral-léle à mn : d'où il s'enſuit que le petit axe de la courbe G q E eſt égal au petit axe de l'Ellipſe qu'on doit tracer ; & partant il faut ſeulement démontrer que la courbe qui paſſe par les points q, eſt une Ellipſe.

Les parties G n de la ligne G T ſont proportionnelles aux parties G p de la ligne G E donc les rectan-gles G P par P E ſont proportionels aux rectangles G n par n T ; mais ces derniers rectangles ſont égaux aux quarrez des ordonnées nm, leſquels quarrez ſont égaux aux quarrez des ordonnées p q : donc ces derniers quarrez ſont proportion-nels aux rectangles Gp par pE, ce qui eſt une proprieté de l'Ellipſe.

De-

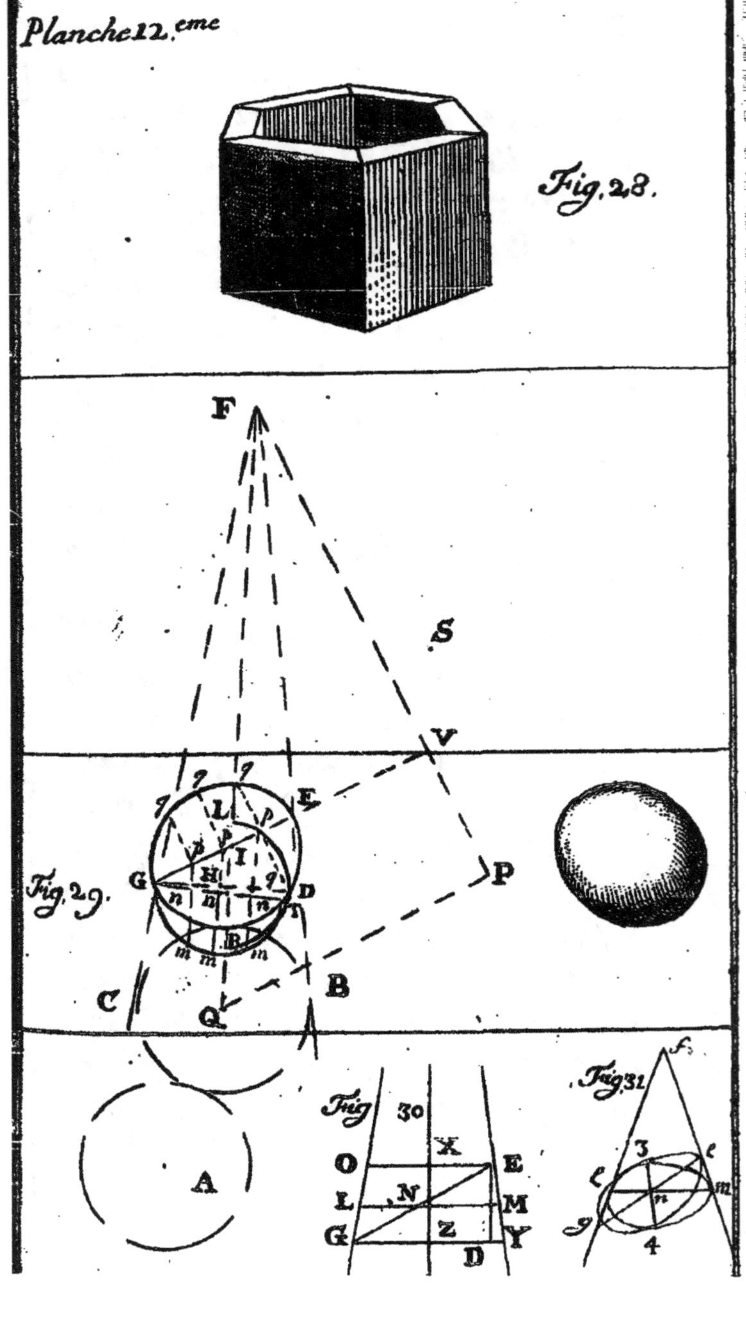
Planche 12.eme
Fig. 28.
F
S
V
E
G
H
I
D
P
R
Fig. 29.
C
Q
B
A
Fig. 30
O
L
G
X
N
Z
E
M
Y
D
Fig. 31.
f
3
e
l
n
m
g
4

DEFINITION.

On nomme Tore d'une colom- Fig. 33.
ne, la partie marquée *h m* : elle eſt
arrondie en demi-cercle, & fait le
tour de la colomne comme une an-
neau.

PROBLEME XI.

Mettre en Perspective le 65. Tore d'une colomne.

Soit BNC la baze de la colom- Fig. 32.
ne dans le Plan Géométral.   Du
centre A tirez une ligne au point
de Station S , & diviſez cette ligne en deux parties égales en R ;
décrivez la portion de cercle BAC
qui a pour centre le point R &
pour rayon R A.

Soit X le profil de la colomne ; Fig. 33.
tirez dans ce profil la ligne *z* 3. 6.

pa-

paralléle à la baze de la colomne &
paſſant par le centre du demi cercle
h m; prenez ſur la ligne *s a*, qui
paſſe par le centre de la colomne
paralléle à ſes côtez, *2 s* égal à la
hauteur de l'œil, depuis le point *2.*
qui eſt dans la baze de la colomne,
en montant vers le haut; & prenez ſur la même ligne, *s a* égal à
S A de la figure précédente; & élevez à cette ligne dans le point *a*
la perpendiculaire indéfinie *a* Y.
Après ces préparations générales,
prenez ſur la ligne *s a* les petites
parties 6. *i* & 6. 9. à diſcrétion égales entr'elles; tirez les lignes *i h* &
9. *m* paralléles à 6. 3. *z*; & du point
h menez la ligne *h* 3. 4. par le centre 3. du demi cercle *h m*; prenez
a 5. ſur *a* Y égal à *i* 4., & menez
la ligne 5. *s*. coupant *i h* en *g* & 9. *m*
en *q*.   Décrivez dans la (fig. 32.)
de A comme centre & pour rayon
i h ou 9. *m*, qui ſont égales entr'elles, le cercle F L M H coupant
l'arc

l'arc B A C en D & en E ; menez la
ligne D E, coupant la ligne A S en
I ; prenez I G égal à *ig*, & I Q égal à
9. *q* ; par les points Q & G, tirez à la
ligne E D les paralléles F H & L M
coupant le cercle D M E F dans les
points L. M. F. & H.   Trouvez* à   *5r
préfent la Perfpective de quatre
points en l'air au deffus des quatre
que nous venons de marquer ; la
hauteur de ceux qui ont L & M
pour affiéte eft 2. 9. ; & celle des
deux points dont l'affiéte eft F & H,
fe trouve déterminée par 2. *i*.   La
Perfpective de ces quatre points
donne autant de points de la Perfpective démandée.   On en trouvera quatre autres, en tirant deux
autres lignes, telles que *ih* & 9. m.
& en opérant de la même maniére.

R E M A R Q U E.

Comme une partie du Tore eft Fig. 32.
çaché par la colomne, pour ne
fe

se point engager dans des opérations inutiles, il faut de A comme centre & pour rayon 3..6. décrire un cercle qui coupe l'arc B A C en T & en O., & mener les lignes S T Y & S O Z: alors tous les points tels que F & H qui se rencontrent entre les lignes T Y & O Z sont inutiles, & il faut seulement se servir de L & de M aux quels cette remarque ne peut pas s'appliquer.

Il seroit inutile de déterminer Géométriquement, comme on pourroit le faire, sur le demi-cercle *h z m*, le point jusques où les paralléles telles que 9. *m* peuvent servir: car quand ces paralléles sont inutiles, le point *q* tombe au delà du point *m*. Mais alors la Perspective du Tore est déja entiérement tracée si on a commencé à mener ces paralléles proche de 6. 3. z, & les autres en s'en éloignant toûjours.

Pour la démonstration de ce Pro-
blé-

blême on a besoin du Lemme suivant.

LEMME.

Les deux Cercles CDHE & DFEL 66.
s'entrecoupent ; la ligne CL passe Fig. 34.
par les centres A & B de ces deux
cercles , & D E joint les points d'intersection. Maintenant si on nomme le rayon A C ou A H , *a,* & B F
ou B L , *b,* & la distance A B qui
est entre les deux centres , *c.* je dis
que A G est égal à $\frac{bb-aa}{2c} - \frac{1}{2}c$.

DÉMONSTRATION.

Nommons AG, x, *& * GD *ou* GE, y:
par la proprieté du cercle il est
évident que si on considére y com-
me une ordonnée du cercle CDH,
yy = aa - xx : *& si on la considére*
comme une ordonnée du cercle
FDL , yy = bb - cc - 2cx - xx: *donc*
aa-

aa - xx = bb - cc - 2cx - xx ; *ce qui don-*
ne 2cx = bb - aa - cc *divisant le tout*
par 2c *on a* $x = \frac{bb - aa}{2c} - \frac{1}{2}c$. *Ce qu'il*
falloit prouver.

DÉMONSTRATION DU PROBLEME.

67.   *Il faut considérer le Tore de la*
colomne comme composé d'une infi-
nité de Plans circulaires posez
les uns sur les autres. Il est évi-
dent que ce qui empêche chacun de
ces cercles d'être vû tout entier,
c'est que celui qui est immédiate-
ment au dessus en cache une par-
tie ; d'où il s'enfuit, que si on con-
tinue de tous côtez le Plan d'un
de ces cercles, & qu'on y trouve
la Perspective du cercle qui est
immédiatement au dessous, laquel-
le Perspective est * *aussi un cercle,*
les deux points d'interfection de
cette Perspective & du cercle qui
étoit dans le Plan, détermineront
la

la partie de cette Perspective qui peut être vûë; par conséquent, si on trouve dans le Tableau la réprésentation de ces deux points d'intersection, on aura deux points de la Perspective du Tore de la colomne proposée. C'est là ce que j'ai fait dans la solution du Probléme, comme je le vais démontrer en donnant le calcul analitique, dont j'ai tiré la construction dont je me sers.

Soit O un œil, A·M un morceau Fig. 35o *du Tore de la colomne; AP passe par le centre de la colomne perpendiculairement à la baze, & AB qui est paralléle à cette même baze passe par le centre B du demicercle de l'arrondissement du Tore. MP représente le demi-diamétre d'un des cercles dont j'ai parlé au commencement. Si on tire la ligne mp qui lui soit paralléle & infiniment proche, & qu'on mene les lignes mO &, pO coupant MP en D & en T, il est évident que DT,*

dans

dans le plan du cercle qui passe par MP, *sera le demi-diamétre de la Perspective du cercle qui est immédiatement audessous.*

A présent à baissez de l'œil à la ligne AB *la perpendiculaire* OS, *& continuez les lignes* MP *&* mp, *jusques à ce qu'elles rencontrent cette perpendiculaire en* Q *&* en q: *continuez encore la ligne* MP *jusques au point* R, *où elle est coupée par la ligne* mR *perpendiculaire à* mp. *Prénons* $AS = c$, $OQ = x$ *&* $MP = y$. *Dans les triangles semblables* Oqm *&* mRD *on a,*

$$O_q(x),\ qm(c+y) :: mR(dx),\ RD\left(\frac{cdx+ydx}{x}\right)$$

Les triangles semblables Opq *&* pTP *donnent*

$$O_q(x),\ qp(c) :: pP(dx)\ PT\left(\frac{cdx}{x}\right).$$

PR *est égal à* $y + dy$ *si on y ajoûte* $PT\left(\frac{cdx}{x}\right)$ *& qu'on en retranche* $RD\left(\frac{cdx+ydx}{x}\right)$ *on aura*

$$TD = y + dy - \frac{ydx}{x}.$$

Pour trouver maintenant les points d'interſection de deux cercles, dont l'un auroit pour rayon TD, & l'autre PM, & dont les centres ſeroient éloignez l'un de l'autre de PT, il faut * diviſer le quarré de TD, moins le quarré de PM, par le double de PT, & en retrancher la moitié de PT, qu'on peut negliger ici, parce qu'elle eſt infiniment petite par raport au reſte ; & on aura $\dfrac{xydy}{edx} - \dfrac{yy}{c}$ pour la partie de la ligne PM compriſe entre P & le point où elle ſeroit coupée par une ligne qui joindroit les deux points d'interſection des deux cercles.

* 66.

Mais avant d'appliquer au Problême ce que je viens de dire, il faut remarquer que ſi du point M on mene une ligne par le centre B de l'arrondiſſement du tore, on aura le triangle MPC ſemblable au triangle mRM ; car l'angle mMP eſt un

E   an-

angle extérieur du triangle mRM, *& l'angle* mMC *est droit. Par conséquent*

$$m R\,(dx),\ RM\,(dy) :: MP\,(y),\ PC\left(\tfrac{ydy}{dx}\right).$$

Fig. 32. & 33.   *Si on considére à présent que* SA, (fig. 32.) *& son égale* sa (fig. 33.) *a été marquée pour* e *dans le calcul : que* si *est* x *&* ib, y *; il est clair que* i4 *& son égale* a5, *si on l'exprime Algébraïquement est* $\tfrac{ydy}{dx}$.

Dans les triangles semblables sa5 *&* sig

$$sa\,(e),\ a5\left(\tfrac{ydy}{dx}\right) :: si\,(x),\ ig\left(\tfrac{xydy}{edx}\right)$$

Par la construction (fig. 32.)

$$AS\,(e),\ AP = ib\,(y) :: AP\,(y)\ AI\left(\tfrac{yy}{e}\right);$$

d'où il s'ensuit, puisque IG *a été fait égal à* ig, *que* AG=IG−AI *est égal à* $\tfrac{xydy}{edx}-\tfrac{yy}{e}$, *& par conséquent* H *&* F *sont l'assiéte de deux points dont il faut trouver la Perspective, & ces points sont dans un plan paralléle au Plan Géométral, & élevé & au-dessus de ce plan de la hauteur de* 2.i.

Si

Si on applique le calcul précédent à la partie inférieure du Tore, l'expression $\frac{xydy}{edx} - \frac{yy}{c}$ *se change en celle-ci* $-\frac{xydy}{edx} - \frac{yy}{e}$, *ce qui marque qu'il faut prendre ces deux quantitez du même côté de A vers S. Dans la ligne 9 m, 9 q est égal à* $\frac{xydy}{edx}$; *car 9. 8. (*$\frac{ydy}{c}$*) est égal à 14, ce qui fait voir que M & L font encore l'affiéte de deux points dont il faut trouver la Perspective, & ces points font dans un plan paralléle au Plan Géométral, & élevé de la hauteur de 2.9.*

REMARQUE.

On peut encore réfoudre ce Pró- 68. blême, en confidérant le Tore de la colomne comme compofé des bazes d'une infinité de cones, dont la hauteur eft déterminée par les rencontres des Tangentes au demi-

E 2   cer-

cercle de l'arrondiſſement, avec
l'axe de la colomne, & en déter-
minant * les portions viſibles de ces
bazes. Si je m'étois ſervi de cette
méthode, la démonſtration auroit
pû ſe faire ſans Algébre ; mais la
pratique auroit été plus longue.

PROBLEME XII.

69. *Trouver le point Accidental*
de pluſieurs lignes parallé-
les entr'elles, & inclinées
au Plan Géométral.

Soit **AB** la direction d'une des
lignes dont on cherche le point
Accidental, & **ECP** l'angle que
font ces lignes avec le Plan Géométral.

PRATIQUE.

Menez par l'œil **O**, une ligne
O D,

Planche. 14. ème
Pag. 166.
Fig. 34.
D
C F G A B H L
E
X
Fig. 33.
h
z
m
O
M D P T Q
R P q
m
B A S
C
Fig. 35.
Y
5

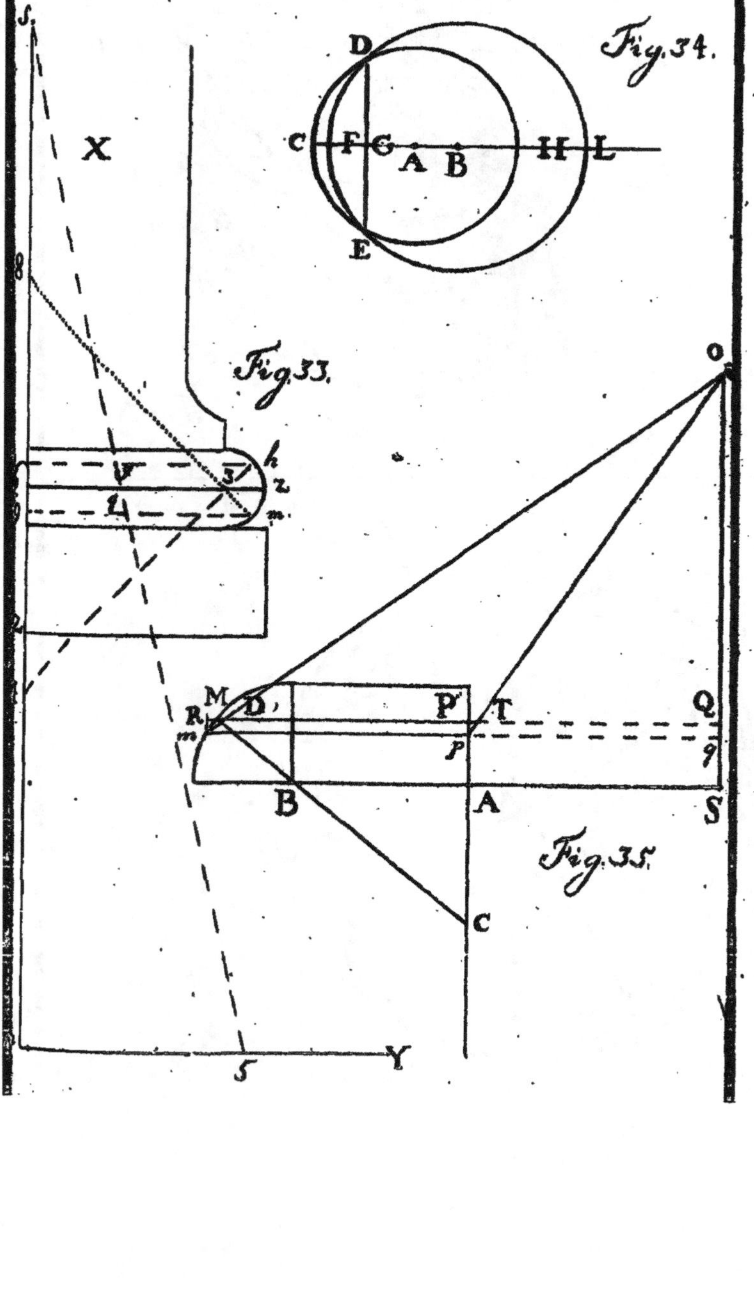

Planche 13.eme 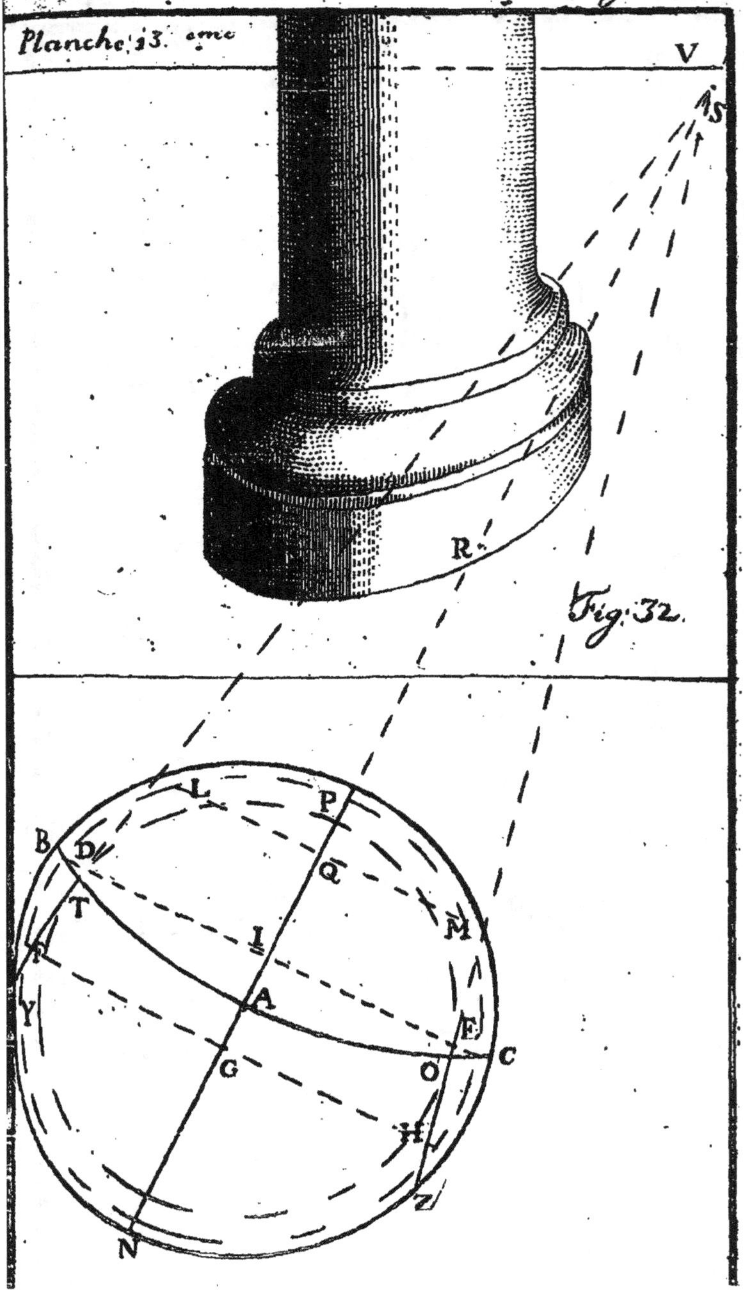
V
S
R.
Fig. 32.
L
P
B
D
Q
T
M
I
F
A
Y
G
O
C
H
Z
N

OD, paralléle à AB; & par le point D, dans lequel elle coupe la ligne Horizontale, & qui est le point Accidental des directions des lignes données, menez DF perpendiculaire à cette même Horizontale, sur laquelle aussi il faut prendre DG égal à DO. Enfin par le point G, menez la ligne GF, qui fasse avec l'Horizontale un angle égal à l'angle ECP; & alors le point F, intersection de cette ligne & de la perpendiculaire DF, est le point Accidental cherché.

Quand les lignes sont inclinées vers le Tableau, il faut mener DF & GF au-dessous de la ligne Horizontale; & il les faut mener au-dessus de la même Horizontale comme on l'a fait ici, quand les lignes données sont inclinées du côté opposé au Tableau.

 DÉ-

DÉMONSTRATION.

Suppofons qu'il paffe par l'œil un plan perpendiculaire au Plan Géométral, & paralléle aux lignes données; il eft évident qu'il coupera le Plan Horizontal dans la ligne OD, & le Tableau en DF: il eft clair encore qu'une ligne qui paffe par l'œil, paralléle aux lignes données, eft dans ce plan, & fait avec la ligne OD, un angle égal à l'angle ECP, au-deffous du Plan Horizontal, fi les lignes font inclinées vers le Tableau, & au-deffus fi elles le font du côté oppofé; il s'enfuit de là que cette derniére ligne fait avec OD, & DF, un triangle rectangle qui a l'angle au point O, égal à l'angle CEP. Or le triangle DGF, eft auffi rectangle, ayant par la conftruction l'angle au point G, égal à l'angle ECP; donc ces deux triangles font fem-

bla-

blables ; & le côté DG, étant égal
au côté DO, ils font auffi égaux ;
partant la ligne DF, étant commune à ces deux triangles, le point
F, eft le point où la ligne qui paffe
par l'œil paralléle aux lignes données, rencontre le Tableau ; & ce
point eft * le point Accidental * 13. 14.
cherché.

REMARQUE.

Cette Démonftration fe rapporte
auffi-bien aux lignes inclinées entiérement féparées du Plan Géométral, qu'à celles qui le rencontrent par une de leurs extrémitez.

PROBLEME XIII.

Trouver la Perspective d'une 70.
ou de plufieurs lignes incli-
nées au Plan Géométral.

Soit donné dans le Plan Géomé- Fig. 36.
   E 4   tral

tral le point A , dans lequel ce plan
eſt rencontré par une ligne inclinée dont on connoît la longueur,
la direction , & l'angle de l'inclinaiſon.

P R A T I Q U E.

En quelque endroit à part, tirez deux lignes C E , & C P , qui
faſſent enſemble un angle égal à
l'angle de l'inclinaiſon de la ligne
donnée ; prenez ſur une de ces lignes C E , égal à la ligne donnée ;
& du point E , abaiſſez ſur l'autre
la perpendiculaire E P. Puis prenez ſur la direction de la ligne propoſée A B , égal à C P ; & après
avoir trouvé *a* Perſpective de A ,
& le point T *, Perſpective d'un
point élevé en l'air au-deſſus de B ,
de la hauteur de P E , joignez par
une ligne les points *a* & T , & vous
aurez la Perſpective cherchée.

* 51.

D E-

DÉMONSTRATION.

Si de l'extrémité de la ligne inclinée, on fait tomber une perpendiculaire sur le Plan Géométral, elle rencontrera ce plan dans le point B, & sera égale à PE, comme il est évident par la construction de la figure CPE. Or le point T est la représentation de l'extrémité de cette perpendiculaire ; & partant il l'est aussi de l'extrémité de la ligne inclinée. Ce qu'il falloit démontrer.

REMARQUE.

Il y a quelques cas dans lesquels on peut abréger cette proposition. 1. Quand il y a plusieurs de ces lignes qui sont parallèles entr'elles, & dont on peut trouver * le point * 69. Accidental. 2. Quand une ligne inclinée est parallèle au Tableau.

E 5 On

On verra dans les méthodes suivantes la maniére de faire ces abré-
gez.

SECONDE METHODE.

71. *Par le point Accidental des lignes inclinées.*

Fig. 36.   Par F, point Accidental des lignes inclinées parallélement, me-
nez F H, paralléle à la ligne de
terre, & égale à F G. Soit A le
point dans lequel une des lignes inclinées rencontre le Plan Géométral.

PRATIQUE.

Prenez sur la ligne de terre R Q,
égal à la ligne inclinée, & tirez
des points R & Q, des lignes au
point Z pris à volonté dans la ligne Horizontale.

Par *a* Perspective de A, menez
a N,

*a*N, paralléle à la ligne de terre:
prenez sur cette paralléle *a*L, égal
à MN, & tirez du point *a* une ligne au point F, & du point L
tirez - en une autre au point H.
Alors *a*T sera la Perspective cherchée.

DÉMONSTRATION.

Par * la notion du point acciden- * 14
tal, la Perspective cherchée est une
partie de la ligne *a*F; & partant il
faut seulement démontrer que l'extrémité de cette Perspective est
dans la ligne L H.   Ce qui se prouve ainsi.

Supposons que par le point A,
il passe une ligne A I paralléle à la
ligne de terre, & égale à la ligne
inclinée.   Il est évident * que L, * 57
est la Perspective de I.   Par conséquent L H * est la Perspective *20
d'une ligne qui passe par I, & par
l'extrémité de la ligne proposée;

E 6 &

& partant la Perspective de cette extrémité eſt dans cette ligne L H. Ce qu'il falloit démontrer.

REMARQUE.

* 19.   Il eſt clair * que l'on auroit pû prendre F H, la moitié ou le tiers &c. de ce qu'il eſt ici ; mais alors il auroit fallu prendre auſſi R Q, égal à la moitié ou au tiers &c. de C E.

TROISIEME METHODE.

72.   *Pour les lignes inclinées qui ne rencontrent point le Plan Géométral.*

Fig. 37.   Soient **A & B**, les points d'aſſiéte des extrémitez de la ligne donnée. Que X repréſente un Plan qui paſſe par la ligne donnée, & qui ſoit perpendiculaire au Plan Géo-

Géométral. M N repréfente dans
ce Plan, la ligne dont on cherche
la Perfpective ; C N & P M répréfentent des perpendiculaires au Plan
Géométral : d'où il s'en fuit que
PC répréfente AB, & par conféquent lui eft égal.

PRATIQUE.

Trouvez le point I * Perfecti- * 51.
ve d'un point en l'air au deffus du
point A de la hauteur de C N : &
menez du point B, au point de
Station S, la ligne B S, coupant
la ligne de terre en E ; du point I,
menez une ligne au point Accidental F ; entre-coupez cette ligne par
une Perpendiculaire à la ligne de
terre au point E ; & vous aurez
I T, la Perfpective cherchée.

 QUA-

QUATRIEME METHODE.

73. *Pour les lignes inclinées paral-*
léles au Tableau.

Il faut se servir ici de la pratique
du prob. 7. * avec cette différence,
voyez la figure de ce prob. qu'au
lieu que *a* I dans ce prob. est perpendiculaire à la ligne de terre, ici
elle doit faire avec cette ligne un
angle égal à l'angle de l'inclinaison
des lignes données.

Pour la démonstration. *Voyez*
n. 7. & 10.

* 56.
Fig. 22.

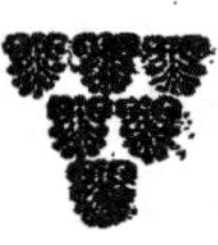

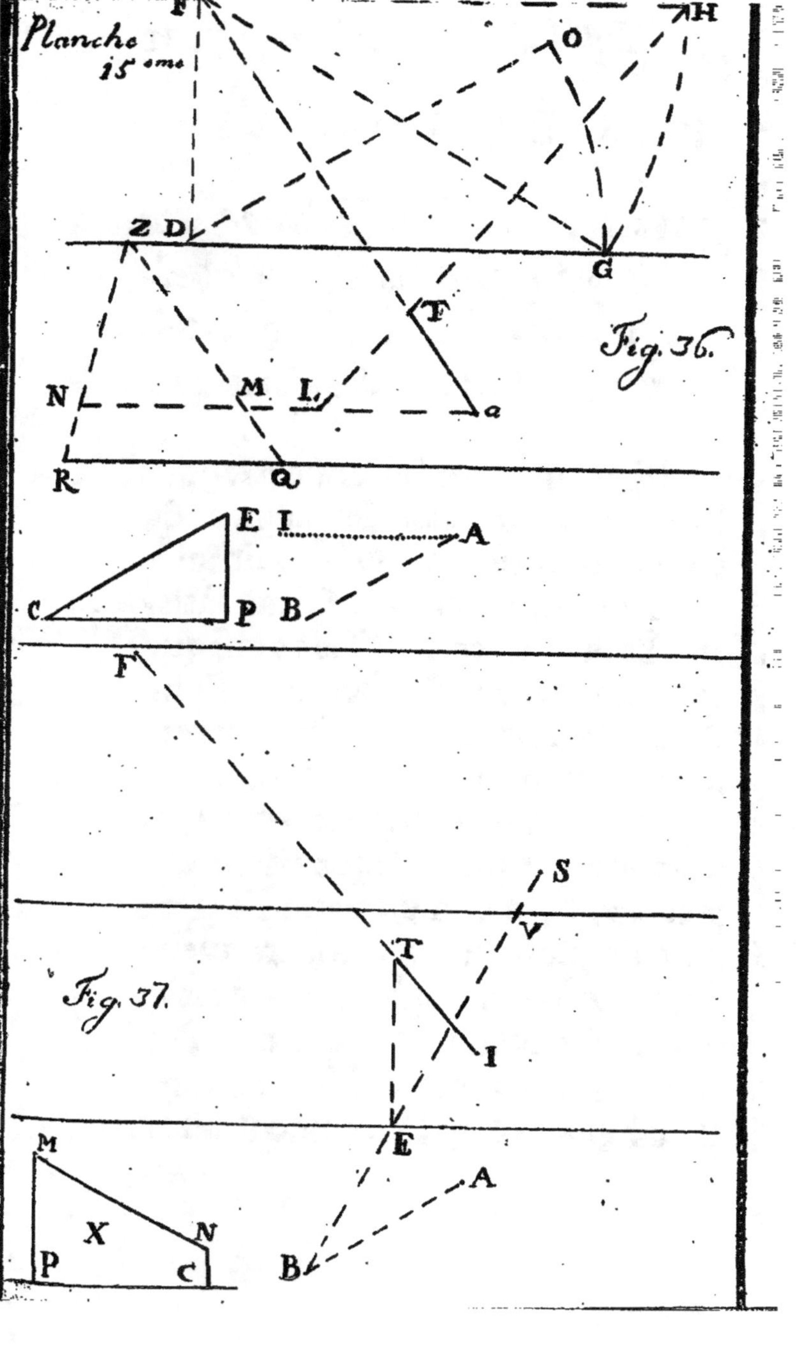

Planche
15.me
Fig. 36.
Fig. 37.

PROBLEME XIV.

*Mettre en Perspective un 74.
Corps qui a tous, ou quelques-uns de ses côtez inclinez au Plan Géométral.*

Il faut chercher la Perspective des
lignes qui forment les angles du
corps proposé : ce qui se fait aisé-
ment par le prob. 13. * qui satis- * 70.
fait à tous les cas.   C'est ainsi que
l'on trouve la Perspective d'une
Piramide soit droite , soit renver-
sée, d'un prisme incliné &c.   Il
arrive pourtant quelquefois que l'on
peut abréger les pratiques du prob.
précédent ; comme quand l'extrémité de plusieurs lignes se trouvent
dans une même ligne , ou quand
des lignes inclinées , qui ont des
points Accidentaux différens , s'en-
tre-coupent & se déterminent ainsi
mu-

mutuellement.   Ceci paroîtra plus clairement par des exemples.

EXEMPLE I.

Mettre en Perspective plu-
sieurs poutres paralléles en-
tr'elles, qui soutiennent un
Pan de muraille.

Fig. 38.   Je suppose que les bazes des poutres, c'est-à-dire, les endroits où
elles rencontrent la terre, soient
dans une ligne paralléle à la muraille; & voici comment on trouvera alors la Perspective de ces pou-
* 69. tres.   Après avoir trouvé * leur
point Accidental F, trouvez la repréfentation de leurs bazes: enfuite marquez fur la Perspective de la
muraille, les apparences des lignes
dans lefquelles les poutres rencontrent la muraille; ces apparences
font ici les lignes *pt*, *rs*, qui re-

pré-

préfentent des lignes paralléles au
Plan Géométral, par la fuppofi-
tion que les poutres font paralléles
entr'elles, & leurs bazes également éloignées de la muraille. Enfin, des angles des repréfentations
1. 2. 3. 4., tirez au point F des lignes qui feront terminées par leurs
interfections avec $p\,t$ & $r\,s$, &
donneront les Perfpectives cherchées, comme on le voit dans la
figure.

EXEMPLE II.

Mettre en Perfpective les toits d'une Maifon qui en a plu-fieurs paralléles entr'eux.

Ayant trouvé les points Acci- Fig. 39.
dentaux G & Q de ces toits, marquez fur la Perfpective de la muraille qui les foutient, les points
$a\,b\,c\,d$ où ces toits la rencontrent:
du

du point G, menez des lignes par
les points *a b c*; & du point Q,
menez-en d'autres aux points *b c d*;
ces lignes se détermineronr par leur
intersection mutuelle, & donneront la représentation cherchée.

CONCLUSION.

75.   Après tout ce que nous venons
de dire, il ne sera pas difficile de
mettre en Perspective toutes sortes
d'objets. Mais comme il seroit
très malaisé, pour ne pas dire impossible pour les Peintres, de faire
un dessein entier suivant les régles
que nous avons prescrites, le nombre des points qu'il leur faudroit
trouver étant presque infini, ils
pourront se borner à chercher la
Perspective des figures tracées dans
leur Plan Géométral, & celle des
principaux points des objets qui
sont hors de ce Plan. Cela, une fois
trouvé, leur servira de régle pour
ache-

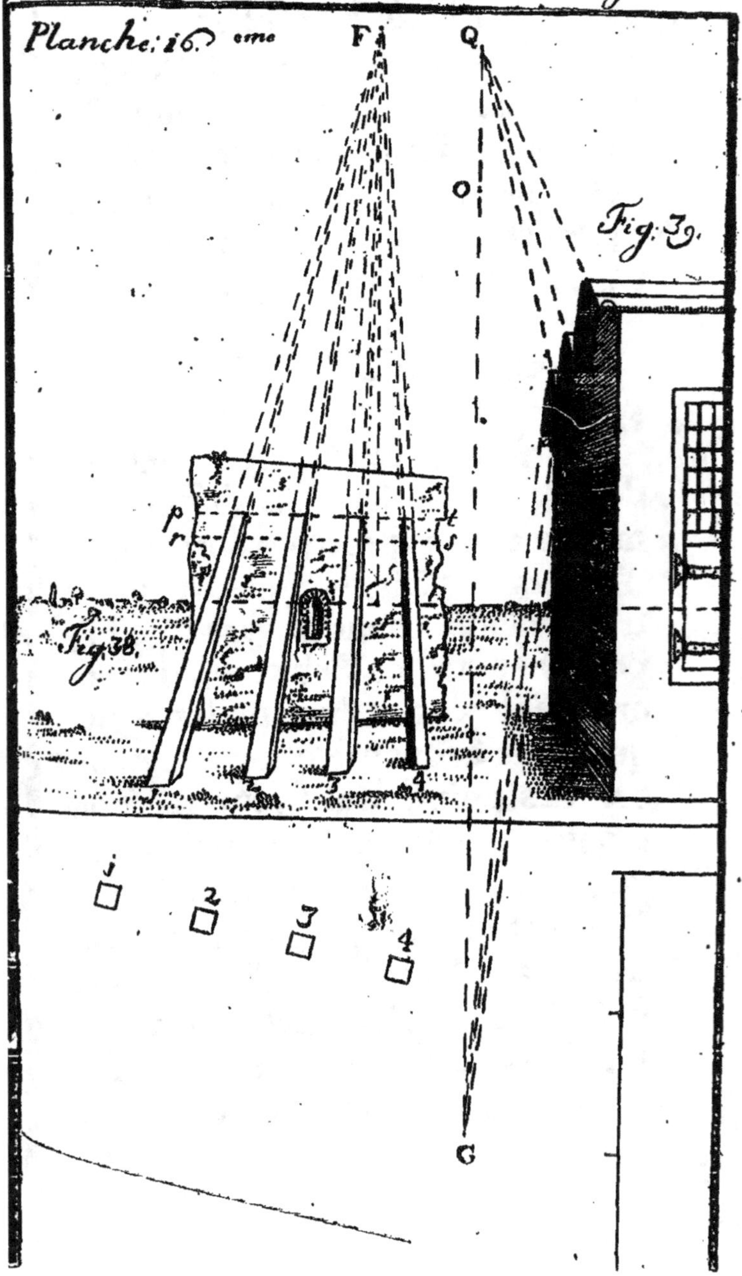

Puy. 124
Planche. 16. eme
F
Q
O
Fig. 3.
Pr
t
s
Fig. 38.
1
2
3
4
G

achever tout le reste à l'œil, sans
courir le risque de faire quelque
faute considérable, & dont on
puisse s'appercevoir.

CHAPITRE QUATREIME.

Suite de la pratique de la Perspective sur le Tableau perpendiculaire.

IL arrive souvent aux Peintres de
choquer toutes les régles de la
vrai-semblance, quand ils peignent
des Tableaux pour être placez dans
un lieu élevé, ou pour être vûs de
côté, ou d'une assez grande distance. Accoûtumez à faire leurs Peintures de sorte qu'elles doivent être
vûës de la même maniére qu'ils les
regardoient eux-mêmes en les tra-
vaillant, leur routine leur devient
inutile dans les cas dont nous venons

nons de parler ; & alors s'ils ne veu-
lent pas commettre de lourdes fautes, ils font obligez néceſſairement
de recourir aux régles de la Perſpective. Celles que nous avons
données dans le Chapitre précédent ne ſuffiſent pas pour ces cas
particuliers, & il ſera néceſſaire d'a-
joûter ici quelques nouveaux Problêmes, qui avec les premiers,
puiſſent ſatisfaire à tous.

PROBLEME I.

76. *Mettre en Perspective les figures qui ſont dans le Plan
Géométral, la diſtance de
l'œil ètant trop grande pour
pouvoir marquer l'œil dans
le Plan Horizontal, ou l'un
des points de diſtance dans
la ligne Horizontale.*

* 24.   Il faut trouver * la Perspective
de

de deux points de ces figures, & ces
deux points serviront * à trouver la   * 38.
représentation des autres.

EXEMPLE.

Soit **ABCDE**, un Pentagone Fig. 40.
dont on cherche la Perspective;
V est le point de vûë; & VF la
sixiéme partie de la distance de
l'œil au Tableau. Trouvez * *b* & *e*   * 24.
Perspectives de B & E; & par le
moyen de ces apparences vous aurez * celle du point A. Vous trou-   * 38
verez la représentation de D, en
employant A & E; & celle de C,
en y faisant servir B & A.

REMARQUE.

La Perspective des lignes per-   77.
pendiculaires au Plan Géometral *,   * 56.
& celle des lignes inclinées * se   * 79
trouve par des méthodes du Chapitre précédent.

PRO-

PROBLEME II.

78. *Mettre en Perspective les figu-*
res qui font dans le Plan
Géométral, l'œil étant fi
fort de côté qu'on ne le peut
pas marquer dans le Plan
Horizontal, non plus que le
point de vûë dans la ligne
Horizontale.

On doit fe fervir ici, comme
dans le Probléme précédent, du *n.*
38., après avoir trouvé de la maniére fuivante la Perfpective de
quelques points des figures données.

Fig. 41. Au point C, pris à difcretion dans
la ligne de terre, élevez une perpendiculaire CD à cette ligne; & du
même point C, tirez la ligne C E,
de telle forte, que fi elle pouvoit
être

Planche 17.ᵐᵉ

F   V

Fig. 40.

être continuée, elle iroit rencontrer la ligne Horizontale dans le point de vûë.

Ceci se fait en prenant CH, égal au tiers ou au quart &c. de la distance du point C, au pied de la ligne verticale; & en élevant dans le point H, la perpendiculaire HE, égale aussi au tiers ou au quart &c. de la hauteur de l'œil. A est un point donné dont on cherche la Perspective.

PRATIQUE.

Par le point A, menez à la ligne de terre une paralléle AB, qui rencontre la ligne CD, dans le point B : supposez à discretion un autre œil qui ait la même hauteur & la même distance que celui pour lequel on cherche la Perspective. Trouvez * pour ce second œil, FG perspective de AB. Continuez cette perspective jusques à ce qu'elle

* 43

le rencontre la ligne CE en *b*; Prenez sur cette continuation , *ba* égal à FG ; & alors *a* fera la Perspective cherchée.

DÉMONSTRATION.

La diftance & la hauteur du fecond œil ayant été faites égales à la diftance & à la hauteur du prémier , ces deux yeux font dans une ligne parallélé A B ; & par conféquent * la Perspective de A B doit être une partie de F G continuée, & elle doit être* égale à cette même ligne F G : & partant, puifque* la Perspective de B , eft dans la ligne C E , *a b* eft la Perspective de A B, & *a* celle de A. Ce qu'il falloit démontrer.

*18

*12

*16

REMARQUE.

79. Quant aux lignes perpendiculaires & inclinées au Plan Géométral, voyez

voyez la remarque * du Problême * 77.
précédent. Celui-ci ne peut guére
être utile que pour les décorations
de Théatre.

PROBLEME III.

Trouver la Représentation 80.
*d'une figure qui est dans le
Plan Géométral, le Ta-
bleau étant placé au-dessus
de l'œil.*

Quand le Tableau est situé au-
dessus de l'œil, on suppose que le
Plan Géométral passe par le haut
du Tableau : on marque dans ce
plan, les figures qu'y forment les objets qui le rencontrent ; & ceux qui
sont au-dessous s'y raportent par des
perpendiculaires qui déterminent
l'assiéte de ces objets dans ce plan.
La hauteur de l'œil se mesure ici
par une perpendiculaire menée de

F   l'œil

l'œil à ce Plan Géométral ; ce qui fait voir qu'un Tableau élevé par rapport à l'œil, est la même chose qu'un œil élevé par rapport au Tableau.

Fig. 42. Soit IL, la ligne de terre, H le pied de la ligne verticale ; marquez à discrétion dans la ligne de terre vers les côtez du Tableau, les points I & L. Prenez IS égal au tiers ou au quart de IH ; & élevez à la ligne de terre au point S la perpendiculaire SX, égale à une partie correspondante de la hauteur de l'œil & de sa distance prises ensemble ; menez la ligne XIG ; vous menerez de même YLQ en prenant LT égal au tiers ou au quart &c. de LH. Tirez dans le Plan Géométral, la ligne GQ paralléle à la ligne de terre, & distante de cette ligne du tiers, par exemple, de la hauteur de l'œil ; & tracez FP dans le Tableau aussi paralléle à la ligne de terre, & éloigné de cette

cette même ligne du quart de la
distance de l'œil. Ces deux lignes
couperont X I en G & F, & Y L
en Q & P. Si on avoit pris la distance de G Q à la ligne de terre,
égale au quart de la hauteur de l'œil,
il auroit fallu prendre celle de F P,
égale à la cinquiéme partie de la
distance de l'œil, & ainsi de suite.
A, est un point dont on demande
la Représentation.

P R A T I Q U E.

Du point A, menez aux points
F & P, les lignes A F, & A P qui
coupent la ligne de terre en E, &
en B; tirez les lignes E G, & B Q:
a commune section de ces deux lignes continuées, est la Perspective
cherchée.

D É M O N S T R A T I O N.

Supposons que le Tableau soit

con-

continué, CD est la ligne Horizontale ; O l'œil marqué dans le Plan Horizontal. Par la construction il est clair * que la ligne G F, continuée, passe par l'œil O : prolongez la ligne G S *a* jusques à ce quelle rencontre la ligne Horizontale en D, & menez la ligne O D. Abaissez du point G, sur la ligne Horizontale, la perpendiculaire GNR, que vous entre-couperez en R, par la ligne O R, qui passe par l'œil parallèle à la ligne Horizontale. Par la construction, G M est le tiers de M N : par conséquent il est le quart de G N ; M Z est aussi le quart de N R : donc

GM, MZ :: GN, NR,
Compon. & altern.
GM, GN :: GM+MZ=GZ, GN+NR=GR.

Dans les triangles semblables GMI & G N C,

GM, GN :: GI, GC.

Les triangles GZF, & GRO, étant aussi semblables

GZ,

GZ, GR :: GF, GO.
donc
GI, GC :: GF, GO.
A cause des triangles semblables
GIE, & GCD,
GI, GC :: GE, GD,
par conséquent
GF, GO :: GE, GD.
Et ainsi les triangles GFE &
GOD, sont semblables; & la ligne FEA est paralléle à OD: d'où
il s'en suit * que la perspective de   *13
EA, est une partie de E*a*D. On
démontrera de même que B*a* est la
perspective de BA; & ainsi la perspective du point A, commune section de EA, & BA, est *a*, intersection des perspectives de ces deux
lignes.

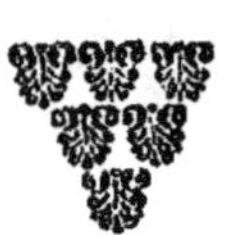

F 3   PRO-

PROBLEME IV.

81. *Représenter une ligne perpen-diculaire au Plan Géomé-tral, le Tableau étant placé au-dessus de l'œil.*

Fig. 43. Soit B E, la ligne de terre. Prenez sur cette ligne E D, égal à la longueur de la perpendiculaire proposée, & tirez C L, paralléle à la ligne de terre, & éloignée de cette ligne du quart, par exemple, de la hauteur de l'œil; faites FL égal aux trois quarts de D E, & menez les lignes E L, & D F. Si on avoit fait la distance de C L à B E, égale à la cinquiéme partie de la hauteur de l'œil, on auroit dû prendre FL, égal à quatre cinquiémes parties de E D. Soit maintenant *a* la perspective du pied de la perpendiculaire proposée; menez par ce point, *a* H

pa-

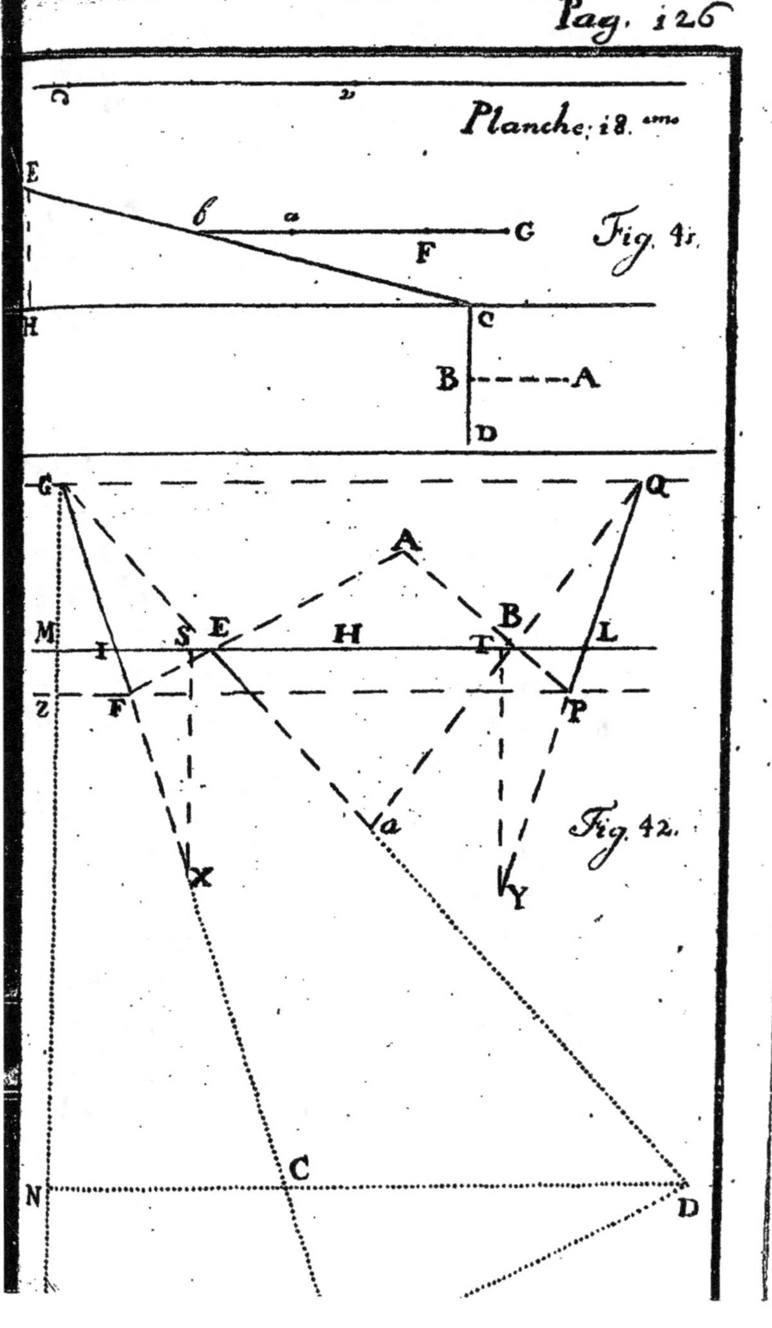
Planche 18.eme
Fig. 41.
Fig. 42.

PROBLEME IV.

81. *Repréſenter une ligne perpen-*
diculaire au Plan Géomé-
tral, le Tableau étant placé
au-deſſus de l'œil.

Fig. 43. Soit B E, la ligne de terre. Prenez ſur cette ligne E D, égal à la
longueur de la perpendiculaire propoſée, & tirez C L, paralléle à la
ligne de terre, & éloignée de cette ligne du quart, par exemple, de
la hauteur de l'œil ; faites F L égal
aux trois quarts de D E, & menez
les lignes E L, & D F. Si on avoit
fait la diſtance de C L à B E, égale
à la cinquiéme partie de la hauteur
de l'œil, on auroit dû prendre F L,
égal à quatre cinquiémes parties de
E D. Soit maintenant *a* la perſpective du pied de la perpendiculaire
propoſée ; menez par ce point, *a* H
pa-

ligne de Station, S le point de station, & H l'interfection de la ligne de ftation & de la ligne de terre. Menez par ce point H, la ligne
verticale HV, qui faffe avec SI un
angle égal à l'angle de l'inclinaifon du Tableau ; élevez enfuite à
SI, dans le point de ftation S, la
perpendiculaire I O, égale à la hauteur de l'œil ; & par l'extrémité de
cette perpendiculaire, tirez le rayon
principal O V, paralléle à S I, &
coupant HV, dans le point de vûë
V.

Maintenant il eft clair que O V
détermine la longueur du rayon
principal, & H V la diftance de la
ligne de terre à la ligne Horizontale ; & comme les démonftrations
des Problêmes, qui dans les chapitres précédents regardent le Plan
Géométral, fe raportent auffi au
Tableau incliné, l'on peut fe fervir
ici de ces Problêmes ; & par conféquent ce Tableau incliné fe réduit
à un

à un Tableau perpendiculaire vû
par un œil dont la hauteur feroit
H V & la diftance O V.

PROBLEME II.

Trouver la Perspective d'un 83.
point en l'air au - deffus du
Plan Géométral.

Soit H C la ligne de terre. Le Fig. 45.
point Accidental des lignes perpendiculaires au Plan Géométral eft T.
Il fe marque * fur la ligne verticale   * 13.
dans l'endroit où elle eft coupée,
par la prolongation de la ligne qui
mefure la hauteur de l'œil; car cette derniére ligne eft paralléle à ces
perpendiculaires, ainfi ce point eft
le même que le point T de la fig.
44.: V eft le point de vûë, S le
point de ftation, & Q le point de
ftation du Tableau perpendiculaire
auquel fe reduit * le Tableau incli-   * 82.
F 5   né.

né. A est l'assiéte du point donné.

PRATIQUE.

En quelque endroit apart tirez deux lignes M P & P E qui fassent ensemble un angle droit ; prenez sur une de ces lignes, P E égal à la hauteur du point dont on cherche la perspective, & menez la ligne EM, en sorte qu'elle fasse avec MP un angle égal à l'angle de l'inclinaison du Tableau. Du point A abaissez à la ligne de terre la perpendiculaire A D, sur laquelle vous prendrez A L égal à P M, vers la ligne de terre, quand le Tableau est incliné du côté des objets, comme nous l'avons supposé ici ; mais de l'autre côté de A, quand le Tableau est incliné vers l'œil. Du point A menez au point S une ligne qui coupe la ligne de terre en B. Joignez les points L & Q par une autre ligne qui coupe la ligne

de

de terre en C. Menez la ligne TBX
que vous entre - couperez au point
X par une perpendiculaire à la ligne de terre dans le point C ; le
point X est alors la Perspective
cherchée.

DÉMONSTRATION.

Dans la fig. 44. où V, S, T, &
H, représentent les mêmes points
que ceux qui sont marquez des mêmes lettres dans nôtre figure,

$$TH, HS :: TV, VO,$$

Compon. & altern.

$$TH, TV :: TH+HS, TV+VO,$$

Ce qui, appliqué à la fig. 45., est

$$TH, TV :: TS, TV+VO.$$

Si à présent on continuë TX
jusques à ce qu'il coupe la ligne
Horizontale en F. On aura

$$TH, TV :: TB, TF,$$

par conséquent

$$TB, TF :: TS, TV+VO.$$

D'où il s'ensuit, que si une ligne

 étoit

étoit menée de l'œil au point F,
elle feroit paralléle à S B A : donc
* la perfpective de BA eft une partie de BX; & ainfi la perfpective
de A eft dans cette ligne. La perfpective d'une ligne perpendiculaire au Plan Géométral dans le point
A, paffe par la perfpective de A, &
par le point T *; c'eft donc auffi une
partie de T X : mais le point donné eft dans cette perpendiculaire;
partant fa perfpective eft dans TX.

D'un autre côté la perfpective de
C L eft * une partie de C X, par
conféquent la perfpective de L eft
dans cette ligne. Si une ligne par-
toit du point L, & paffoit par le
point propofé, elle feroit paralléle
à la ligne verticale ; & ainfi * fa
perfpective eft perpendiculaire à la
ligne de terre ; & comme cette
perfpective paffe par celle du point
L, ce fera une partie de C X : mais
puifque cetté ligne qui part du point
L paffe par le point propofé, la
Per-

Perspective de ce point est aussi dans CX, & partant en X intersection de CX avec TX.

REMARQUE.

Si le point T étoit trop éloigné, 84. ou si TBX & CX s'entrecoupoient trop obliquement, il faudroit supposer le Tableau réduit * à un Tableau perpendiculaire, & chercher * la représentation d'un point en l'air dont l'assiéte fût L & la hauteur ME.

* 82.
* 51.

PROBLEME III.

Trouver la Perspective d'une 85. *ligne Perpendiculaire au Plan Géométral.*

Il faut trouver * la Perspective Fig. 45. de l'extrémité de la Perpendiculaire, en considérant cette extré-

*83

F 7 mité

mité comme si c'étoit un point en l'air, élevé au dessus du Plan Géométral de la hauteur de la Perpendiculaire proposée ; après quoi il faut mener du point D au point de vûë, une ligne qui par son inter- [*16] section* avec T X donnera l'apparence *a* du pied de la Perpendiculaire proposée.

R E M A R Q U E.

Quand on est obligé de recourir [*84] à la remarque* du Problême précédent pour trouver le point X, on trouvera le point *a* en menant A S & D V, & enjoignant ensuite les point B & X par un ligne. Lorsque B X & D V se coupent trop obliquement, il faut pour trouver [*82] la Perspective *a*, avoir recours au Prob. I.*.

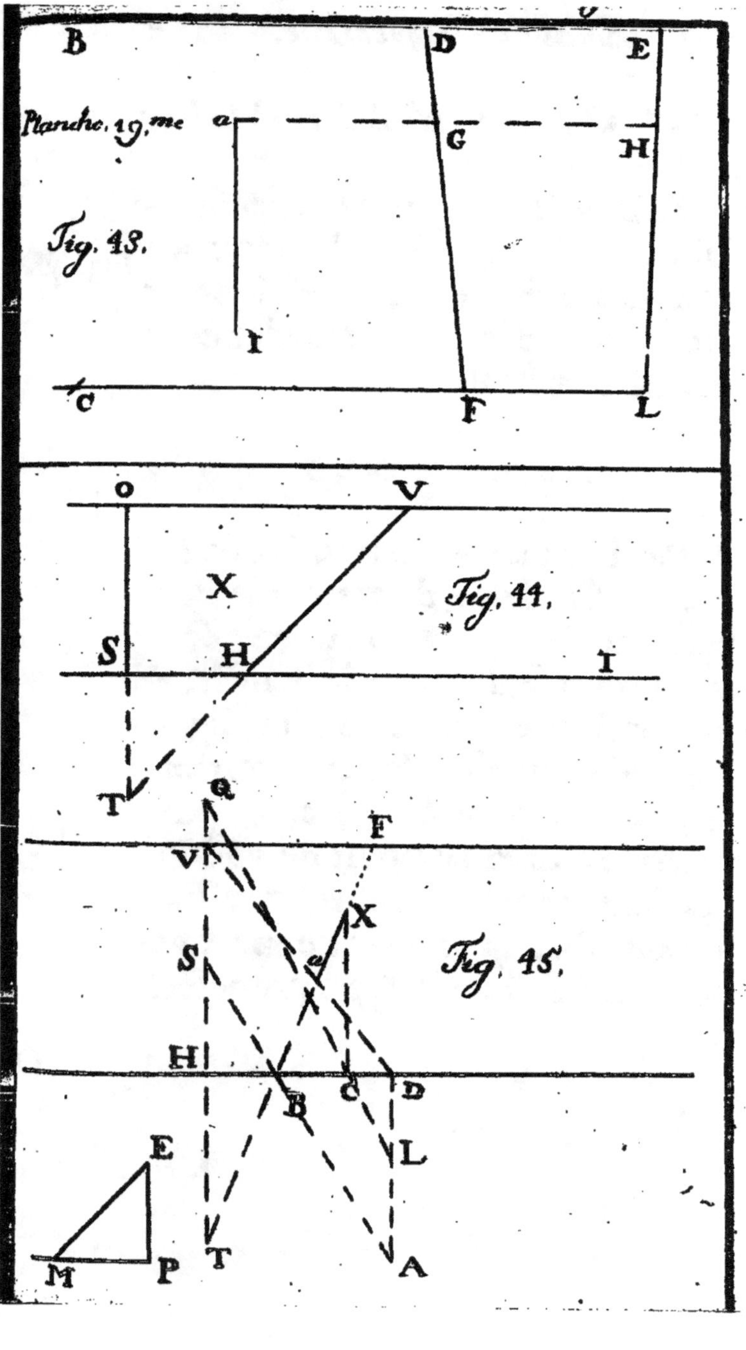
Planche. 19.me
Fig. 43.
Fig. 44.
Fig. 45.
B D E
a G H
I
C F L
O V
X
S H I
T
Q
V F
X
S a
H B C D
E L
M P T A

SECONDE METHODE.

Soit A le pied de la Perpendicu- 86.
laire ; le triangle E P M eſt tracé
comme il a été dit * ; T eſt le point
Accidental des Perpendiculaires au
Plan Géométral.

Fig. 46.
* 83

P R A T I Q U E.

Par le point *a* Perſpective de A ,
menez à la ligne de terre une Perpendiculaire que vous ferez * égale en repréſentation à la ligne M E
en conſidérant cette derniére ligne
comme paralléle à la ligne verticale ; de l'extrémité I de cette perſpective , tirez au point de vûë V,
une ligne entrecoupant la ligne T*a*,
au point X., qui ſera la Perſpective
de l'extrémité de la ligne propoſée.

* 56.

Dé-

DÉMONSTRATION.

Suppofons que par le point A il paffe une ligne égale à M E, & paralléle à la ligne verticale : fuppofons de plus que par l'extrémité de cette ligne & par l'extrémité de la Perpendiculaire propofée il paffe une autre ligne; cette derniére ligne par la conftruction de la figure M E P fera paralléle à la ligne de Station & par conféquent fa Perfpective * paffera par le point de vûë, & marquera par fon interfection avec T *a* l'extrémité de la Perfpective cherchée. Mais *a* I eft * la Perfpective de la premiére ligne que nous avons fuppofée égale à E M, & par conféquent V I eft celle de la feconde. Ce qu'il falloit démontrer.

* 16

*,57.

Re-

REMARQUE.

Quand V I & T *a* se coupent trop obliquement, il faut avoir recours à la remarque de la méthode précédente, où il faut employer la méthode qui suit.

TROISIEME METHODE.

Soit **T** le point Accidental des lignes perpendiculaires au Plan Géométral : menez par ce point une paralléle à la ligne de terre, sur laquelle vous prendrez T R égal à O T de la fig, 44.

87.
Fig. 47.

PRATIQUE.

Prenez en quelqu'en droit, de la ligne de terre, DN égal à la ligne proposée, & menez les lignes D F & N F au point F pris à discrétion dans la ligne Horizontale ; puis par

le

le point *a* perspective de A, menez à la ligne de terre la parallelé
a H sur laquelle vous prendrez *a* Q
égal à G H. Alors si l'on tire les lignes T *a* & R Q qui étant continuées s'entrecoupent au point X,
a X sera la perspective cherchée.

DÉMONSTRATION.

La partie *a* Q de la ligne *a* H,
* 57. est * la Perspective d'une ligne qui
part du point A dans le Plan Géométral, & qui est égale à la ligne
proposée, & paralléle à la ligne de
* 20. terre; par conséquent * la ligne R Q
passe par la Perspective de l'extrémité de la ligne proposée; & partant X intersection de R Q avec T *a*,
est la Perspective de cette extrémité.

R E-

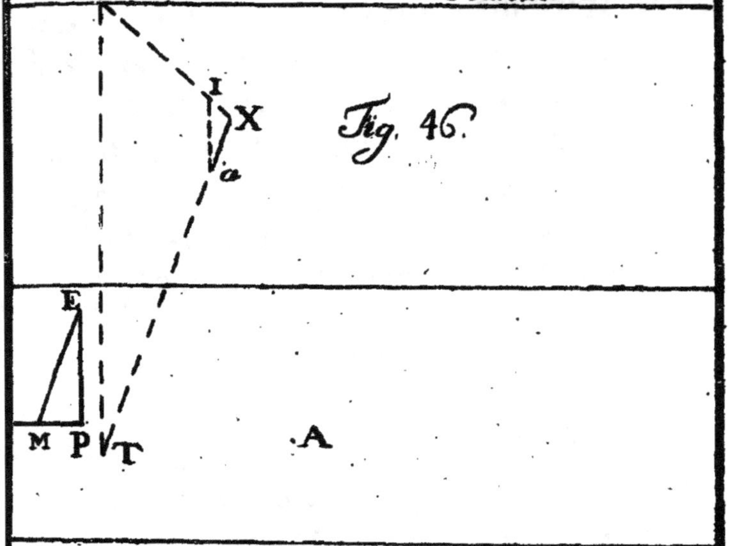

Fig. 46.

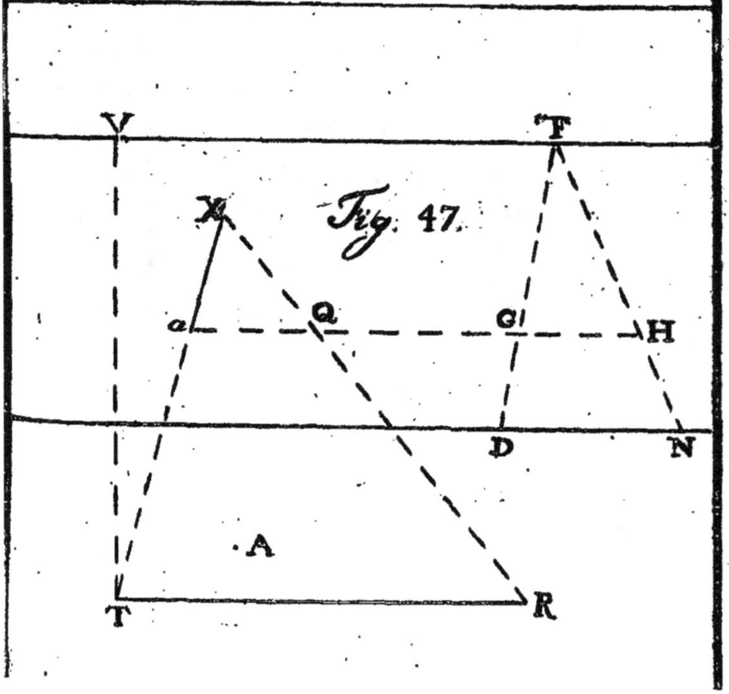

Fig. 47.

REMARQUE.

Il est clair * qu'on peut prendre   * 19.
TR, la moitié ou le tiers &c. de ce
que nous l'avons pris ici, pourvû
qu'on prene aussi alors DN égal à
une partie correspondante de la ligne proposée.

PROBLEME IV.

Mettre en Perspective une   88. *Sphére.*

Il faut se servir ici de la méthode donnée * pour le Tableau per-   * 64.
pendiculaire ; avec cette différence,
qu'au lieu d'employer le point de
vûë, il faut prendre le point ou
une perpendiculaire de l'œil au
Tableau rencontre le Tableau. Et
il faut remarquer que c'est cette
perpendiculaire qui mesure la distance

tance de l'œil au Tableau.

PROBLEME V.

89. *Trouver le point Accidental de plusieurs lignes inclinées au Plan Géométral.*

Fig. 48.   Soit AB la direction d'une des lignes inclinées ; O est l'œil dans le Plan Horizontal, S est le point de station.

PRATIQUE.

Menez par l'œil O , à AB, la paralléle OD , rencontrant la ligne
* 13. 14. Horizontale en D , qui sera * le point Accidental des directions des lignes données ; & par le point de station S , tirez à la même ligne AB, la paralléle SN , coupant la ligne de terre en N ; après quoi menez la ligne ND.   De D comme
cen-

centre, & pour rayon DO, décrivez l'arc de cercle O*o*: & de N,
comme centre, & pour rayon NS,
tracez la portion de cercle S*s*. Menez la ligne *so* razant ces deux arcs
de cercles, & la ligne D*o* perpendiculaire à *so*. Après quoi tirez *o*F,
faifant avec *o*D un angle égal à
l'angle de l'inclinaifon des lignes,
& coupant ND continué en F :
alors F fera le point Accidental
cherché quand les lignes ne font
point inclinées vers le Tableau :
car fi elles étoient ainfi inclinées,
il faudroit mener *o*F au-deffous de
*o*D.

DÉMONSTRATION.

Suppofons que par l'œil il paffe
un plan paralléle aux lignes inclinées ; l'interfeçtion de ce plan avec
le Plan Horizontal fera OD ; &
avec le Plan Géometral ce fera SN.
Il eft vifible que fi au-deffous du
Plan

Plan Horizontal quant les lignes
font inclinées vers le Tableau, &
au-deſſus quand elles le font de
l'autre côté, on mene dans ce plan
une une ligne faiſant avec O D une
angle égal à celui de l'inclinaiſon
des lignes propoſées ; il eſt viſible
dis-je, que cette ligne ſera paralléle aux lignes propoſées, & ren-
* 13. 14. contrera * le Tableau dans le point
Accidental cherché. Si à préſent on
fait tourner ſur la ligne N D comme ſur ſon axe, le plan que nous
venons de ſuppoſer, l'œil & le
point de ſtation qui font dans ce
plan rencontreront le Tableau en *o*
& en *s* ; car les lignes D *o* & N *s*
font égales à DO & N S, & forment des angles droits avec la li-
s o qui joint leurs extrémitez. Or
ces deux points *s* & *o* répondent à
la ſituation de l'œil & du point de
Station l'un à l'égard de l'autre,
dans le Plan que nous avons ſup-
poſé. Donc la ligne *o* F répond auſſi
à

à la ligne qui dans ce Plan imagi-
naire a été supposée paralléle aux
lignes proposées ; par conséquent
le point F eſt la rencontre de cette
paralléle avec le Tableau ; & partant c'eſt le point Accidental cherché.

REMARQUE.

Quand on a le point Accidental
T des Perpendiculaires au Plan
Géométral, on abrege cette opération, en menant la ligne T D,
qui paſſe néceſſairement par le
point N. Le point *o* ſe trouve alors
par l'interſection de l'arc O *o*, &
d'un demi cercle dont le diametre
ſeroit **T D**.

PRO-

PROBLEME VI.

90. *Trouver la Perspective d'une ou de plusieurs lignes inclinées au Plan Géométral.*

Fig. 48. Soit A le pied d'une ligne inclinée au Plan Géométral , *a* sa Perspective. Déterminez par le moyen du triangle C P E , de la maniére qu'il a été dit * pour le Tableau Perpendiculaire , la longueur A B de la direction de la ligne proposée. Trouvez * le point X Perspective d'un point en l'air au-dessus du point B de la hauteur de P E ; alors *a* X sera la Perspective cherchée.

* 70

* 83.

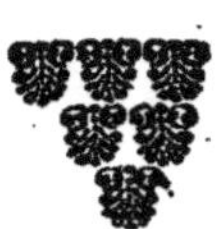

SECONDE METHODE.

Par le point Accidental des li- 91.
gnes inclinées & celui de
leurs directions.

Soit AB la direction d'une ligne Fig. 48.
inclinée ; D le point Accidental des
directions , & F celui des lignes
mêmes ; T le point Accidental des
perpendiculaires.

P R A T I Q U E.

Continuez la ligne AB jufques à
ce qu'elle rencontre la ligne de terre en G , & menez la ligne G D,
que vous couperez en *a* & en *b* par
des lignes tirées de A & B, à l'œil.
Tirez les lignes *a* F & T *b*, s'entrecoupant au point X , & alors *a* X
fera la Perfpective cherchée.

G   Dé-

*44.   *ab* eſt * la Perſpective de AB, par conſéquent la perſpective de la ligne inclinée eſt une partie de *a*F. Mais l'extrémité de la ligne inclinée eſt dans une perpendiculaire au Plan Géométral dans le point B; donc la perſpective de cette extrémité eſt dans T*b*, & partant en X interſection de cette ligne avec *a*F.

TROISIEME METHODE.

92.
Fig. 49.   Par le point Accidental F des lignes inclinées, menez FH parallèle à la ligne de terre & égale à *o*F de la fig. 48. *a* eſt la perſpective du pied de la ligne inclinée dont on trouvera la Perſpective *a*X par la pratique décrite *n.* 71.

CHA-

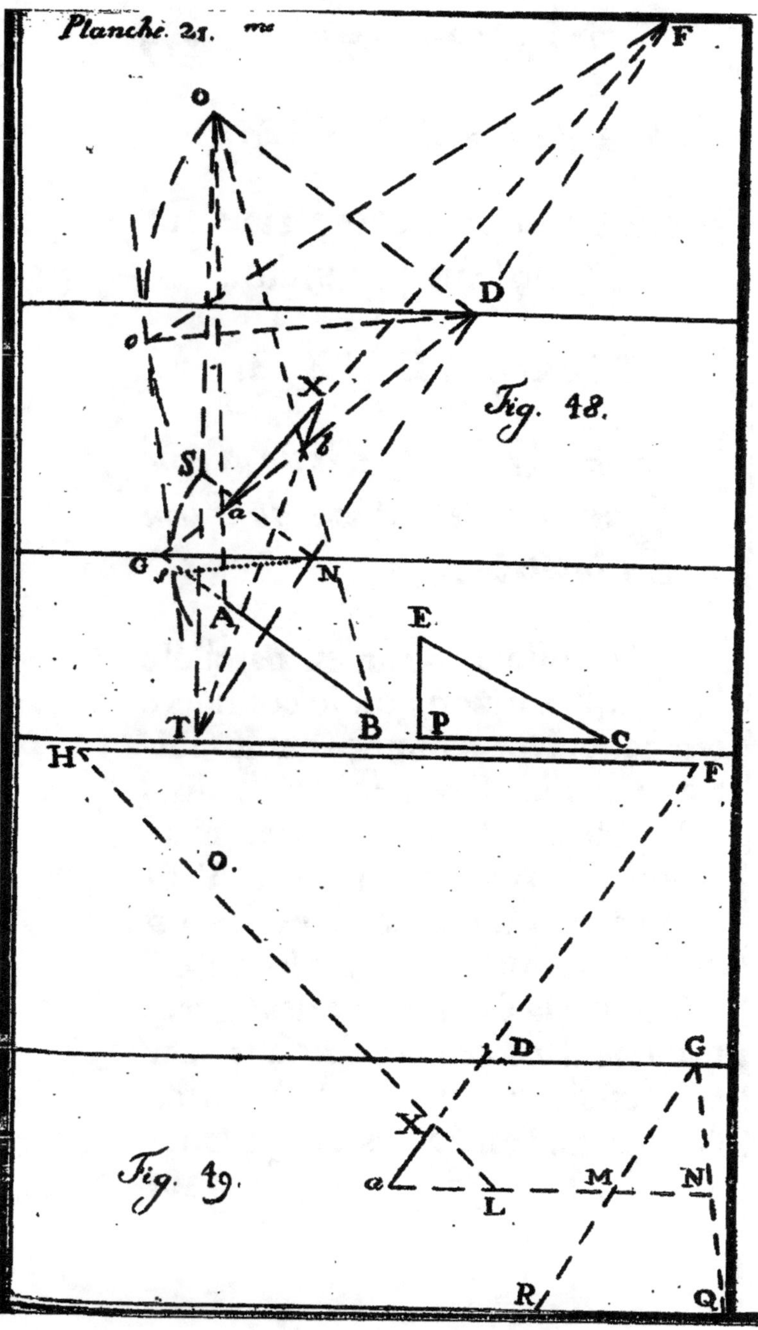
Planche 21.
F
O
D
X
Fig. 48.
S
a
G
N
A
E
T
B
P
C
H
F
O.
D
G
X
Fig. 49.
a
L
M
N
R
Q

CHAPITRE SIXIEME.

Pratique de la Perspective sur le Tableau paralléle.

PROBLEME I.

Trouver la Perspective d'une 93. *figure qui est dans le Plan Géométral.*

Quand le Tablean est paralléle à l'Horizon, on le considére ordinairement comme étant lui-même le Plan Géométral ; & alors le Problême est tout résolu, mais quand il arrive qu'un autre Plan Géométral est donné au-dessus, ou au-dessous du Tableau sur lequel on doit tracer la Perspective des figures qui sont dans ce plan, il faut, par la Géométrie, faire sur le Tableau des figures semblables aux prémiéres ; en forte que les lignes du Tableau foient à leurs correfpondantes dans le Plan Géométral, comme la diftance de l'œil au Tableau, eft à fa diftance au Plan Géométral.

La démonftration de cette pratique eft évidente par le *n.* 8. & 9.

PROBLEME II.

94. *Trouver la Perfpective d'une ligne perpendiculaire au Plan Géométral.*

Fig. 50. Tirez en quelqu'endroit à part, une ligne OS, fur laquelle vous prendrez OR égal à la diftance de l'œil au Tableau, & OS, égal à la diftance de l'œil au Plan Géométral. Elevez fur cette ligne aux points R & S, les perpendiculaires indéfinies RG & SM ; & prenant fur SM, le point M à difcretion, élevez fur cette ligne, la perpen-

pendiculaire M N égale à la ligne
donnée, & tirez les lignes M O ,
& N O , qui coupent la ligne R G ,
au points E & G.   Enfuite ayant
mené à difcrétion dans le Tableau
une ligne par le point T , qui eft
le point où une ligne qui tombe de
l'œil perpendiculairement fur le
Tableau, rencontre ce Plan, prenez fur cette ligne T H , égal à R E
& T I , égal à R G ; tirez par le
point *a* , perfpective du pied de la
perpendiculaire donnée, les lignes
T *a* , & H *a* ; & par le point I ,
menez une ligne I X paralléle à H *a*,
& qui coupe T *a* , en X ; & alors
a X fera la perfpective cherchée.

Fig. 51.

DÉMONSTRATION.

Il eft évident * parce que je viens * 13 14.
de dire, que le point T , eft le point
Accidental des lignes perpendiculaires au Plan Géométral ; & par
conféquent la perfpective cherchée
eft une partie de T *a*.   G 3   De

* 4.   De plus il est évident * que si
par des lignes droites on joint les
pieds & les extrémitez de deux lignes perpendiculaires au Plan Géométral & égales entr'elles, ces lignes de jonction auront des répré-
sentations paralléles, puis qu'elles
sont paralléles entr'elles & paralléles au Tableau.   Par conséquent
puisque H I, par la construction,
est la perspective d'une ligne perpendiculaire au Plan Géométral,
& égale à la ligne donnée, & que
H *a*, passe par les perspectives du
pied de cette perpendiculaire, &
de celui de la perpendiculaire donnée, I X qui est paralléle à H *a*,
& qui passe par l'extrémité de la
Perspective H I, passera aussi par
la Perspective de l'extrémité de la
ligne donnée ; & partant le point
X sera la Perspective de cette extrémité.

RE-

REMARQUE.

Quand on a la Perspective d'une ligne perpendiculaire au Plan Géométral, il est facile par ce que nous venons de dire, de trouver la Perspective de toutes les autres perpendiculaires de même longueur. 95.

SECONDE METHODE.

Quand le Tableau sert de Plan Géométral.

Soit T, (comme dans la figure 51.) le point Accidental des lignes perpendiculaires ; H I la portion d'un cercle, qui a pour centre T, & pour rayon la distance de l'œil au Tableau ; *a* est le point où la perpendiculaire dont on cherche la Perspective rencontre le Tableau ; BC est la longueur de cette perpendiculaire. 96. Fig. 53.

G 4　　　PRA-

PRATIQUE.

De *a*, comme centre, & pour rayon BC, décrivez le cercle LF, & menez la ligne IL ou HF, qui raze les deux cercles HI, & FL; & alors *a*X ou *ax*, est la Perspective cherchée: *a*X, quand la perpendiculaire est élevée sur la face du Tableau que l'œil regarde; & *ax*, quand la perpendiculaire est du côté opposé.

DÉMONSTRATION.

Des centres T & *a*, tirez les rayons *a*F, *a*L, TH, & TI, aux points d'atouchement des lignes HF & IL, aux cercles FL & HI.

A cause des triangles semblables THX & *a*FX,

$$TH - aF, aF :: Ta, aX,$$

Dans

Dans les triangles semblables
T I x, & $a x$ L.

T I + aL, aL :: T a, $a x$.
Maintenant soit P M N R, le Ta- Fig. 54.
bleau ; O l'œil ; A Q, la perpendiculaire dont on cherche la perspective ; O t, une perpendiculaire de l'œil au Tableau, & par conséquent t, le point T de la figure
précédente. Si on mene les lignes
O Q, il est évident que A x, ou
AX, est la perspective de A Q, suivant que cette ligne est au-dessus
ou au-dessous du Tableau par rapport à l'œil. Or dans les triangles
semblables O $t x$ & Q A x.

O t — A Q, A Q :: t A, A x.
Et dans les triangles semblabl-
O t X & X A Q

O t + A Q, A Q :: t A, AX
Or O t est égal à T H, & à T
de la figure précédente ; & A Q
est égal à a F, & à a L, de la même figure ; comme aussi t A, à
T a : par conséquent si on compa-

G 5   re

re ces deux derniéres proportions avec les précédentes, on trouvera A$x = a$X & A X $= a x$; ce qu'il falloit démontrer.

REMARQUE.

97.   Quand on ne peut pas employer cette Méthode, à cause que les deux cercles s'entrecoupent, où font l'un dans l'autre, il faut par le point T, mener à difcrétion une ligne égale à la diftance de l'œil au Tableau; & par le point a, lui tirer vers L ou vers F, fuivant que la perpendiculaire eft placée d'un côté ou d'autre du Tableau par rapport à l'œil, une paralléle égale à la perpendiculaire donnée. La ligne qui paffera par les extrémitez de ces paralléles, déterminera la Perfpective cherchée, par fon interfection avec Ta, comme il eft évident par la démonftration précédente.

TROI-

TROISIEME METHODE.

Pour les perpendiculaires éga- 98.
les à une autre, dont on a
déja la Perspective.

Soit H I, la Perspective d'une Fig. 52.
perpendiculaire au Plan Géométral ou au Tableau. Du point Accidental T, comme centre, & pour
rayon T H, décrivez l'arc de cercle H G, dont la corde est égale à
H I ; tirez la ligne indeterminée
T G C. *a* & *b* représentent les pieds
des perpendiculaires dont il faut
trouver la Perspective.

PRATIQUE.

Du centre T , décrivez par les
points *a* & *b*, les portions de cercle *b* F E, & *a* D C ; menez les ligne T *b*, & T *a*, sur lesquelles pre-
G 6   nez

nez *b*L , égal à E F , & *a* X , égal
à C D ; & vous aurez les Perspectives cherchées.

DÉMONSTRATION.

Si H I , & *a* X , répréfentent des
perpendiculaires de même grandeur ; par la démonſtration de la
méthode précédente , I H , eſt à
H T & *a* X , à *a* T , comme la différence de ces perpendiculaires avec
la hauteur de l'œil , eſt à la grandeur de ces perpendiculaires : &
partant
  H I , T H :: *a* X , *a* T
Mais dans la conſtruction de ce
Problême, à cauſe des triangles ſemblables T C D & T H G
H G = H I , T H :: C D = *a* X , T D = *a* T
par conféquent H I , & *a* X , repréſentent des perpendiculaires de
même grandeur. Ce qu'il falloit
démontrer.

PRO-

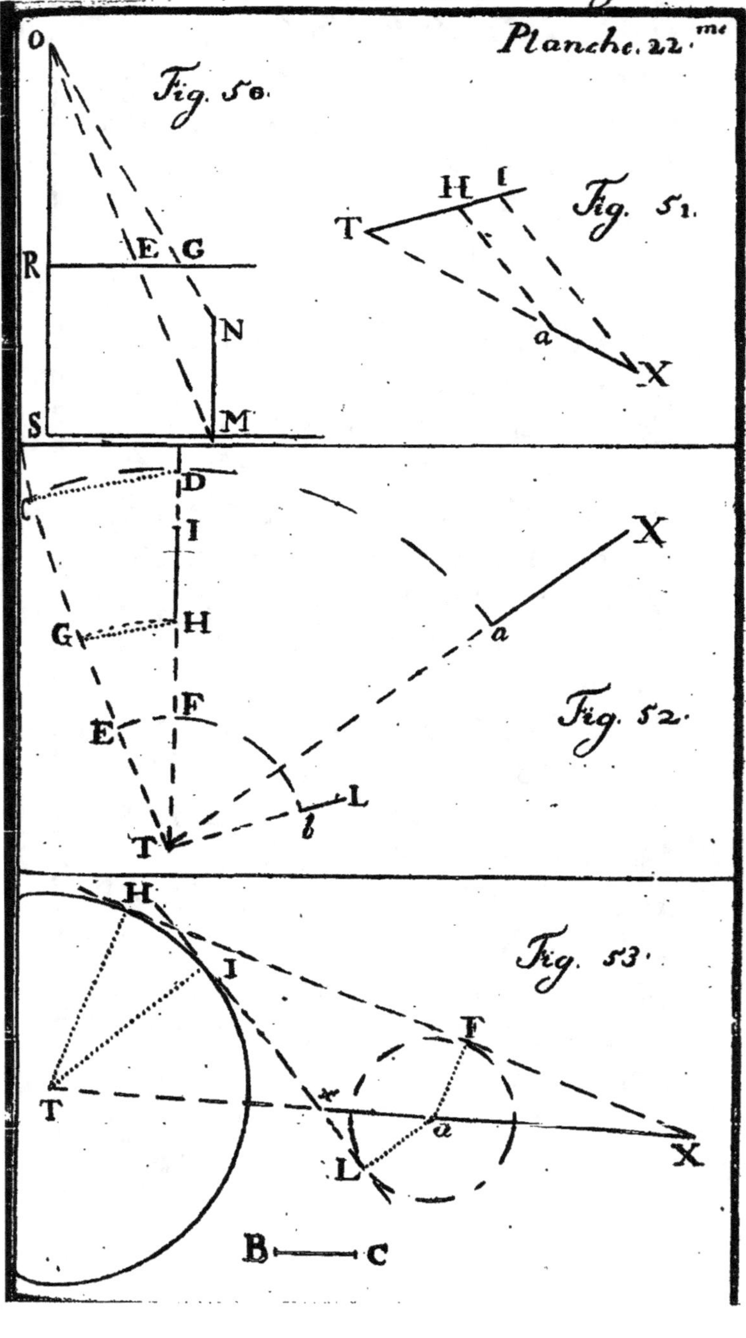

Planche. 22.me
Fig. 50.
O
R E G
S M
N
Fig. 51.
H I
T
a
X
D
I
G H
E F
C
T
L
b
a
X
Fig. 52.
H
I
T
F
L
a
X
B C
Fig. 53.

PROBLEME III.

Trouver le point Accidental 99.
*de plusieurs lignes parallé-
les entr'elles & inclinées au
Plan Géométral.*

Soit *ab*, la Perspective de la di- Fig. 55.
rection d'une des lignes données.

PRATIQUE.

Menez, par le point Accidental
T des lignes perpendiculaires au
Plan Géométral, la ligne F T L,
paralléle à *ab* ; & au point T, élevez à cette ligne la perpendiculaire T G, égale à la distance de l'œil
au Tableau ; & par le point G,
menez la ligne G L, ou G F, en
sorte que l'Angle T L G, ou T F G
soit égal à l'angle de l'inclinaison
des lignes données ; & alors le point

G 7   L,

L, sera le point Accidental cherché, quand les lignes données sont
inclinées vers *b* ; & ce sera F,
quand elles sont inclinées vers *a*.

DÉMONSTRATION.

Il est clair par la construction,
que si l'on suppose TG élevé en
l'air perpendiculairement au Tableau, GL ou GF, sera paralléle
aux lignes données ; & par conséquent *L, ou F, sera le point Accidental cherché.

* 13.14

PROBLEME IV.

100. *Trouver la Perspective d'une
ou de plusieurs lignes inclinées au Plan Géométral.*

Fig. 56. Soit *a b* la Perspective de la direction de la ligne donnée : on détermine la longueur de cette direction,

tion, par le moyen du triangle E CP,
comme il a été dit * pour le Ta- * 70.
bleau perpendiculaire. Ensuite tirez par le point *b* la ligne *b* X, qui
représente une perpendiculaire au
Plan Géométral, égale à E P ; &
menez *a* X, qui sera la Perspective cherchée.

SECONDE METHODE.

Par le moyen du point Acci- 101.
dental & de la Perspecti-
ve des directions.

Les mêmes choses étant données Fig. 56.
que dans la méthode précédente ;
soit F, le point Accidental des lignes proposées, & T, celui des
perpendiculaires au Plan Géométral.

PRA

PRATIQUE.

Du point F , menez une ligne par le point *a* : entrecoupez la au point X , par une autre ligne que vous menerez du point T , par le point *b* ; & alors *a* X sera la Perspective cherchée.

TROISIEME METHODE.

102. *Par le point Accidental, sans employer la Perspective des directions.*

Fig. 56. Les mêmes choses étant données que dans la méthode précédente; par le point *a*, tirez *a* I, qui répréfente une ligne perpendiculaire au Plan Géométral , & égale à E P. Par le point I, tirez à F T , une paralléle , qui par fon interfection avec F *a*, détermine *a* X, qui eft la Perspective cherchée. Re-

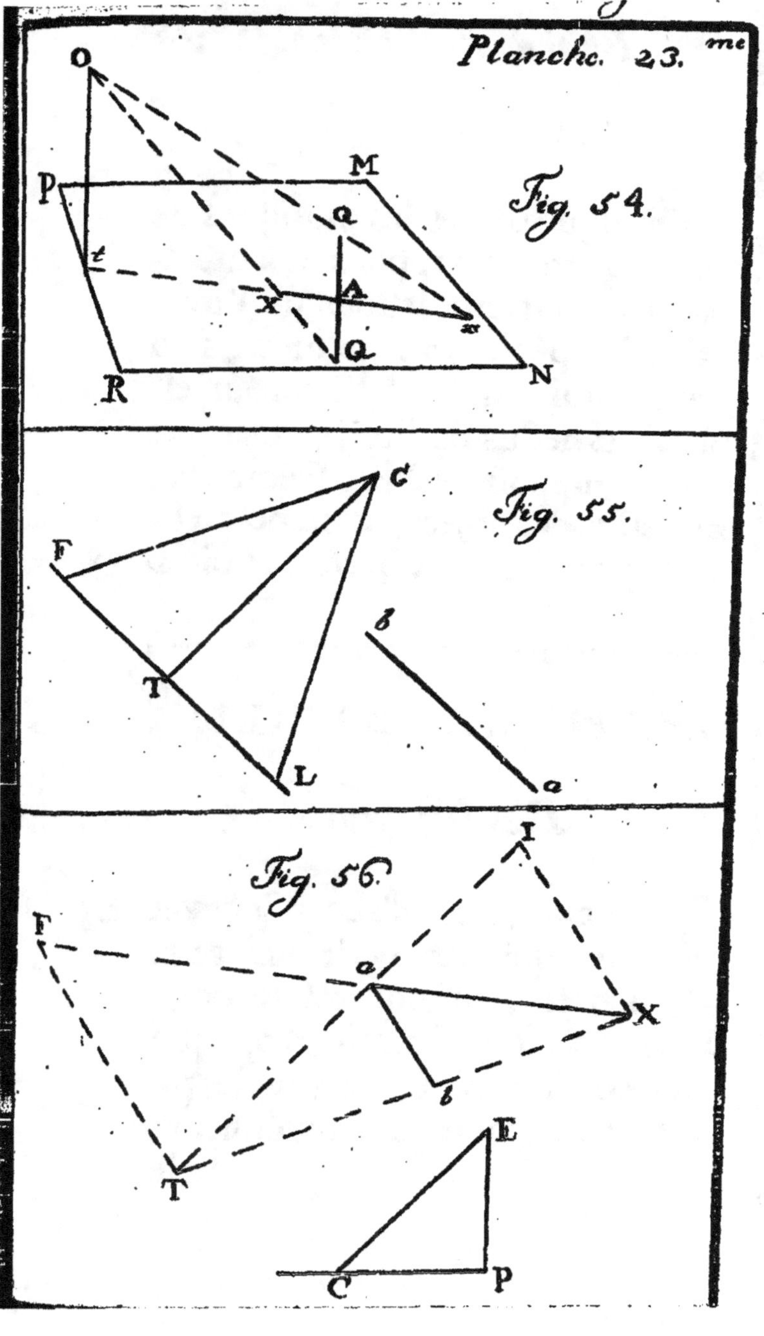

Planche. 23.
Fig. 54.
O
P
M
a
t
A
X
x
Q
R
N
Fig. 55.
C
F
T
L
b
a
Fig. 56.
I
F
a
X
b
T
E
C
P

R E M A R Q U E.

Quoique toutes les pratiques de ce Chapitre se rapportent au Tableau qui est au-dessous de l'œil, cela n'empêche pas qu'on ne s'en serve aussi quand le Tableau est placé au-dessus de l'œil. Dans ce cas on suppose le Plan Géométral au-dessus des objets, comme on l'a déja fait * dans une autre occasion. * 80.

CHAPITRE SEPTIÉME.

Des Ombres.

JE remarquerai d'abord ici avec 103. ceux qui ont écrit sur cette matiéré, que quand le corps lumineux est égal au corps opaque, l'ombre est renfermée entre des paralléles, & que par conséquent,

elle

elle eſt égale ſur tous les plans paralléles entr'eux que l'on pourroit
placer à quelque diſtance que ce
fût au - delà du corps opaque.
Quand le corps lumineux eſt moindre que le corps opaque, l'ombre
croît & s'augmente à l'infini. Et
quand au contraire le corps opaque
eſt plus petit que le corps lumineux, l'ombre va en décroiſſant ſe
terminer dans un point.

Bien-que le Soleil ſoit infiniment
plus grand qu'aucun des corps qu'il
illumine, l'extrême éloignement
où il eſt par rapport à ces corps,
nous fera conſidérer ces rayons
comme s'ils étoient paralléles ; &
par conſéquent les corps qu'il éclai-
re, comme renfermez entre des
paralléles : & c'eſt la prémiére ſorte d'ombre que j'expliquerai ici :
je parlerai enſuite des ombres qui
vont toûjours en croiſſant. Ce que
je dirai, ſuffira pour deſſiner les ombres des corps rectilignes ; car
quant

quant aux ombres des autres corps,
il est si difficile de les déterminer
Géométriquement, que le meilleur
c'est d'examiner celles qu'on voit
tous les jours, pour se former une
routine de les imiter.

Pour ce qui regarde les ombres qui
se perdent en un point, je n'en dirai
rien, leur trop grande variété ne per-
mettant pas qu'on puisse donner des
régles de Mathématique pour les
déterminer. D'ailleurs, les Peintres ne supposent guére leurs Tableaux illuminez de cette troisiéme
maniére ; & quand ils le font, c'est
pour représenter une chambre dans
laquelle le jour entre par les fenêtres : mais alors le nombre de ces
fenêtres, l'endroit où on les suppose placées, les différentes réfléxions que souffre la lumiére dans la
chambre, toutes ces choses produi-
sent tant de divers changemens,
qu'un Peintre aura plûtôt fait de
prendre garde aux ombres qu'il
voit

voit à tous momens, pour se mou-
ler là-dessus dans le besoin, que de
recourir à des régles qui ne peuvent
pas comprendre tous les cas.   Je
passerai aussi sous silence la matiére
du *clair-obscur*; un peu d'attention
à ce qu'on peut voir journellement
éclairera mieux cette matiére que
ne pourroit faire un long discours,
d'autant plus qu'il est impossible,
sur ce sujet, de fournir des régles
générales, & que la multitude infinie des figures, ne souffre pas
qu'on les examine chacune en particulier : outre que pour attraper
le *clair - obscur*, un Peintre doit
faire attention non - seulement aux
figures des objets, mais encore à
leur couleur & à leur matiére.

Pour les Ombres solaires.

PROBLEME I.

Trouver la Perspective de l'Ombre d'un point en l'air, dont on connoît l'assiéte & la hauteur au-dessus du Plan Géométral. 104.

Soit Z le Plan Géométral ; A le point d'assiéte du point donné ; AB la direction d'un rayon du Soleil. Fig. 57.

PRATIQUE.

Tirez en quelqu'endroit à part deux lignes qui fassent ensemble un angle droit ; & prenez sur une de ces lignes PE, égal à la hauteur du point donné au-dessus du Plan Géométral : puis tirant par le point E,

la

la ligne EC, qui fasse avec CP, un angle égal à la hauteur du Soleil, faites AB, égal à CP. Trouvez la Perspective du point B, & vous aurez le point cherché.

REMARQUE.

Cette Pratique, comme toutes les autres de ce chapitre, se rapporte à toutes les situations du Tableau, & elle est si évidente qu'il n'est pas besoin de la démontrer.

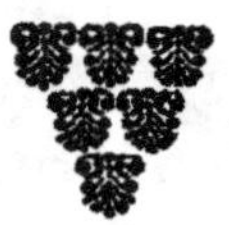

PROBLEME II.

Trouver la Perspective de l'Ombre d'un point en l'air, dont on a la représentation aussi-bien que celle de son assiéte, sans se servir du Plan Géométral. 105.

Trouvez * F le point Accidental des rayons du Soleil, & D, celui de leurs directions: puis du point D, tirez une ligne par *a*, Perspective de l'assiéte du point donné; & du point F, tirez-en une autre par I, Perspective du point donné; & alors *b*, intersection de ces deux lignes, sera le point cherché, comme il est évident.

Fig. 58.

* 62. 89.

99.

REMARQUE.

Quoique pour trouver le point Acci-

Accidental de plusieurs lignes inclinées, nous ayons supposé * une
des directions, marquée dans le
Plan Géométral, il suffit pour la
pratique, de connoître l'angle que
font ces directions avec la ligne de
terre : & ainsi, comme nous venons de le dire, on peut pour ce
Problême, se passer entiérement
du Plan Géométral.

106.　　Quand le Tableau est paralléle,
les directions des rayons du Soleil
n'ont pas de point Accidental ; mais
leurs Perspectives sont paralléles
entr'elles ; & dans ce cas, il faut
tirer une de ces paralléles par le
point *a* au lieu de la ligne D*a*. De
plus quand il s'agit du Tableau
perpendiculaire ou incliné, & que
les rayons du Soleil sont paralléles
au Tableau, il faut mener par le
point *a*, une ligne paralléle à la
ligne de terre ; & par le point I, il
faut mener paralléle aux rayons du
Soleil, une autre ligne qui coupera
la

la premiére dans le point cherché.

PROBLEME III.

Trouver la Perspective de l'om- 107.
bre d'un point en l'air, quand
il y a quelque corps qui em-
pêche l'ombre de tomber sur
le Plan Géométral.

Il faut alors trouver la Perspective de la fection de ce corps, par un
Plan qui paffe par le point donné
perpendiculaire au Plan Géométral,
& qui foit paralléle aux rayons du
Soleil. L'interfection de cette Perfpective, & d'une ligne menée de
l'apparence du point donné, à la
repréfentation de fon ombre trouvée par un des Problêmes précédens, eft la Perspective cherchée.

H   *Pour*

Pour les ombres d'une petite lumiére.

PROBLEME IV.

108. *Trouver la Perspective de l'ombre d'un point dont on connoît l'assiéte, & la hauteur au-dessus du Plan Géométral.*

Fig. 59.

Soit Z, le **Plan** Géométral ; A, l'assiéte du point donné ; & C celle de la lumiére : tirez la ligne CAB, indéfinie ; & de C, comme centre, & pour rayon la hauteur de la lumiére au-dessus du **Plan** Géométral, tracez l'arc de cercle F : de même de A, comme centre, & pour rayon la hauteur du point donné, décrivez l'arc de cercle E. Menez la ligne F E, razant ces deux

por-

portions de cercles, & coupant la
ligne C A en B. Alors si on cherche la Perspective de B, on aura
la Perspective de l'ombre qu'on demandoit.

PROBLEME V.

Trouver la perspective de l'om- 109.
bre d'un point en l'air, dont
on a la représentation avec
celle de son assiéte, sans se
servir du Plan Géométral.

Il faut employer ici la pratique
donnée * pour les ombres solaires, * 105
avec cette différence, qu'au lieu du
point Accidental des rayons du Soleil, on se sert ici de la Perspective de la lumiére ; & qu'au lieu du
point Accidental des directions de
ces rayons, on prend la Perspective du point d'assiéte de la lumiére.

REMARQUE.

* 106   Ce qui a été remarqué * sur les ombres solaires, ne regarde pas celles dont on parle ici : car à l'égard de ce Problême, il n'y a point de différence entre le Tableau Perpendiculaire, incliné, ou paralélle ; parce que dans ces diverses situations, les deux points dont on se sert peuvent toûjours se trouver.

* 107   Il faut encore remarquer que le Problême 3. * se rapporte aussi bien aux ombres d'une petite lumiére, qu'à celles du Soleil, avec cette différence pourtant, que le Plan, qui dans le Prob. 3. a été supposé paralléle aux rayons du Soleil, dans celui-ci doit être supposé passer par la lumiére pour laquelle on cherche les Ombres.

CHA.

Planche. 24.me

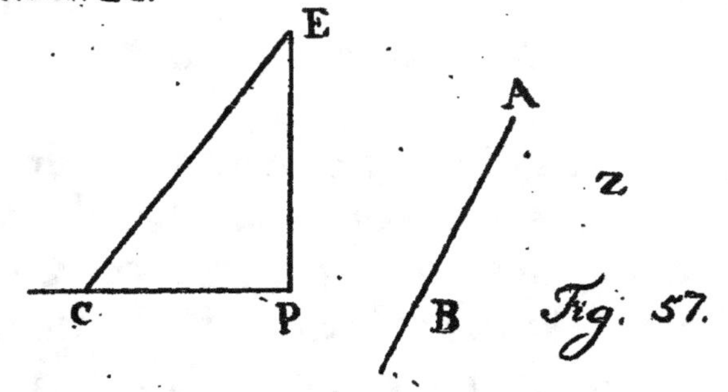

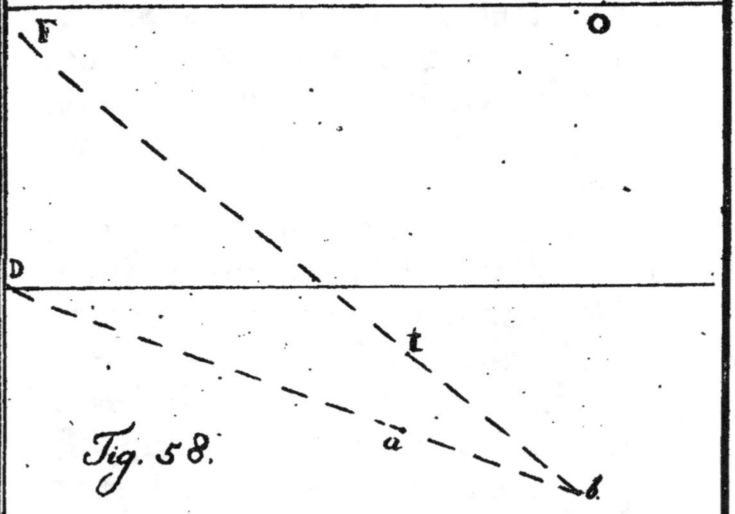

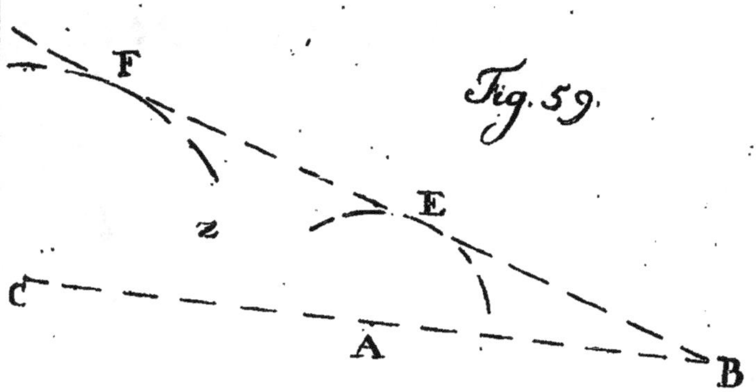

CHAPITRE HUITIEME.

*Moyens d'abréger méchanni-
quement les opérations de la
Perspective.*

Pour le Tableau perpendi-
culaire.

PROBLEME I.

*Trouver la Perspective des Fi-
gures qui sont dans le Plan
Géométral.*

S Oit O, l'œil ; R H, la ligne de
terre ; F & G, des points * marquez par les mêmes lettres dans la
fig. 10. Attachez une régle au
point G, laquelle puisse tourner sur

110.

Fig. 60.

* 31.

H 3

ce

ce point, en sorte que toutes les lignes qu'on tire le long d'un des côtez de la régle, passent par le point G. Au point F, est attaché un fil qui passe par le trou d'un éguille marquée B ; elle doit être d'argent ou de laiton, & pointuë des deux côtez, & ayant son trou proche d'une de ses extrémitez. Le fil passe ensuite autour d'une pointe attachée en O, & il est toûjours tendu par le moyen d'un plomb attaché à l'extrémité du fil, & de sorte qu'il pend librement hors de la table.

P R A T I Q U E.

Soit A, un des points de la figure qu'on veut mettre en Perspective : mettez sur ce point celle des deux pointes de l'éguille qui est proche du trou par où passe le fil. Faites glisser la régle GE, jusques à ce qu'elle coupe le fil AF, au

point

point E, où ce fil coupe la ligne de terre, alors le point *a*, où la régle coupe le fil AO, est le point cherché, lequel on pourra marquer avec l'autre bout de l'éguille, en ferrant la régle fur le papier, pour qu'elle affujettiffe le fil, que le plomb fans cette précaution pourroit faire gliffer. On continuera de la même maniére pour trouver les autres points.

Quant à la démonftration, *voyez* *n*. 32.

Quelquefois il eft plus commode d'ufer de la méthode fuivante.

SECONDE METHODE.

Soit O, l'œil; H E, la ligne de III. terre; F I, la ligne Géométral. Fig. 61. Ayez une régle M N, à laquelle foient attachez deux fils égaux. De O, comme centre, & pour rayon la diftance des fils fur la régle, coupez par un arc de cercle la ligne

Géo-

Géométrale en F ; attachez à ce point l'extrémité d'un des fils de la régle, & l'extrémité de l'autre au point O : ayez encore un fil qui paſſe par une éguille, comme il a été dit dans la méthode précédente : attachez ce fil en F, & faites le paſſer autour d'une pointe placée en O. La ſeule différence qu'il y a entre cette méthode & la méthode précédente, c'eſt qu'on ſe ſert de la régle MN, en tenant toûjours tendus les fils MF, & NO, au lieu d'employer une régle qui tourne autour d'un point.

La démonſtration eſt donnée ci-deſſus *n.* 39.

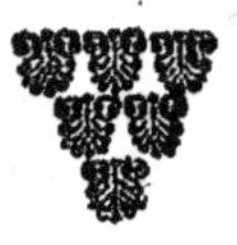

PRO-

PROBLEME II.

Trouver la Perspective d'une ou de plusieurs lignes per- 112. *pendiculaires au Plan Géométral.*

Il faut avoir deux régles LC, & NZ, attachées par deux fils, ou Fig. 60. plûtôt par deux fils d'archal égaux, & arrêtez à des distances égales LI & MN, sur les deux régles. Fixez l'une de ces régles au bord du Tableau, perpendiculairement à la ligne de terre. Ayez un fil qui passe par une éguille, & qui soit assujetti par un plomb, de la ma- * 110. niére que je l'ai déja dit* : attachez ce fil à la coulisse D, qui peut se mouvoir le long de la régle LC; & faites passer ce fil autour d'une pointe dressée contre la régle CL, en C, de maniére que CH, soit égal la hauteur de l'œil.

H 5 PRA-

PRATIQUE.

Soit T, la Perspective du pied d'une perpendiculaire. Faites glisser la coulisse D le long de CL, jusques à ce que CD soit égal au double de cette perpendiculaire. Tendez le fil en faisant glisser l'éguille le long de la ligne Horizontale, jusques à ce que le bout du fil qui passe par C, traverse le point T : alors l'autre bout rencontrera en P la régle NS que l'on aura fait glisser jusques à ce qu'elle passe par T. Et PT sera la Perspective demandée.

La démonstration de cette pratique est évidente, par ce qui a été dit *n.* 59.

SE.

SECONDE METHODE.

Pour les perpendiculaires de 113. même longueur.

Quand il y a un grand nombre Fig. 60. de perpendiculaires de même longueur, F G, étant paralléle à la ligne de terre, & F O, égal à la hauteur de l'œil, on peut prendre F f, égal à la longueur de ces perpendiculaires, & attacher en f, le fil qui est arrêté en F. Elevez à la ligne de terre la perpendiculaire R S, égale à F f, & menez S Q, paralléle à la ligne de terre. Transposez * les figures du Plan Géométral,   * 61. en sorte que le point R, convienne avec le point S, & R H, avec S Q. Alors si on trouve * la Perspective   * 110. des pieds des perpendiculaires, en considérant S Q, comme la ligne de terre, on aura celle de leurs extrémitez.

H 6   TROI-

TROISIEME METHODE.

114. *Pour les perpendiculaires de même longueur.*

Fig. 61.   Après avoir changé les figures du Plan Géométral, comme on
* 113. vient de le dire *, prenez sur la perpendiculaire R S, continuée, T *t*, égale à R S; & menez à la ligne de terre la paralléle *fi*. Marquez sur *fi*, le point *f*, de même
* 111. qu'on a marqué * F, dans F I; & attaché en *f*, les fils qui étoient attachez en F ; puis en vous servant des fils ainsi attachez, & de S Q,
* 111. pour ligne de terre, trouvez * la représentation des pieds des perpendiculaires, & vous aurez la Perspective de leurs extrémitez.

Dé

DÉMONSTRATION.

Des deux derniéres Méthodes.

Si l'on suppose qu'il passe un plan par les extrémitez des perpendiculaires égales, ce plan sera paralléle au Plan Géométral, & il rencontrera le Tableau en SQ, puisque RS, a été fait égal à ces perpendiculaires : de plus, les extrémitez de ces perpendiculaires formeront dans ce second plan, une figure semblable à celle que forment leurs pieds dans le Plan Géométral; & cette figure sera placée, à l'égard de la ligne QS, comme celle du Plan Géométral l'est à l'égard de HR. Par conséquent si on éleve la figure qui est dans le Plan Géométral, en sorte qu'elle soit à l'égard de QS, ce qu'elle étoit à l'égard de HR, & si l'on trouve la Perspective des pieds des perpen-

115.
Fig. 60
& 61.

H 7   di-

diculairess proposées, on aura celle de leurs extrémitez. Or le changement que nous avons dit qu'il falloit faire à la figure du Plan Géométral, lui donne à l'égard de QS, la situation requise, & on a trouvé * la Perspective de la figure considérée dans ce nouveau Plan Géométral, puis qu'on s'est servi de SQ, pour ligne de terre, & que O*f*, (*fig.* 60.) est égal à la hauteur de l'œil au-dessus de ce plan, & que *fi* (*fig.* 61.) est la ligne Géométrale dans ce même plan.

* 31.39.

Pour le Tableau incliné.

PROBLEME III.

116. *Trouver la Perspective des figures qui sont dans le Plan Géométral.*

On peut se servir ici des pratiques

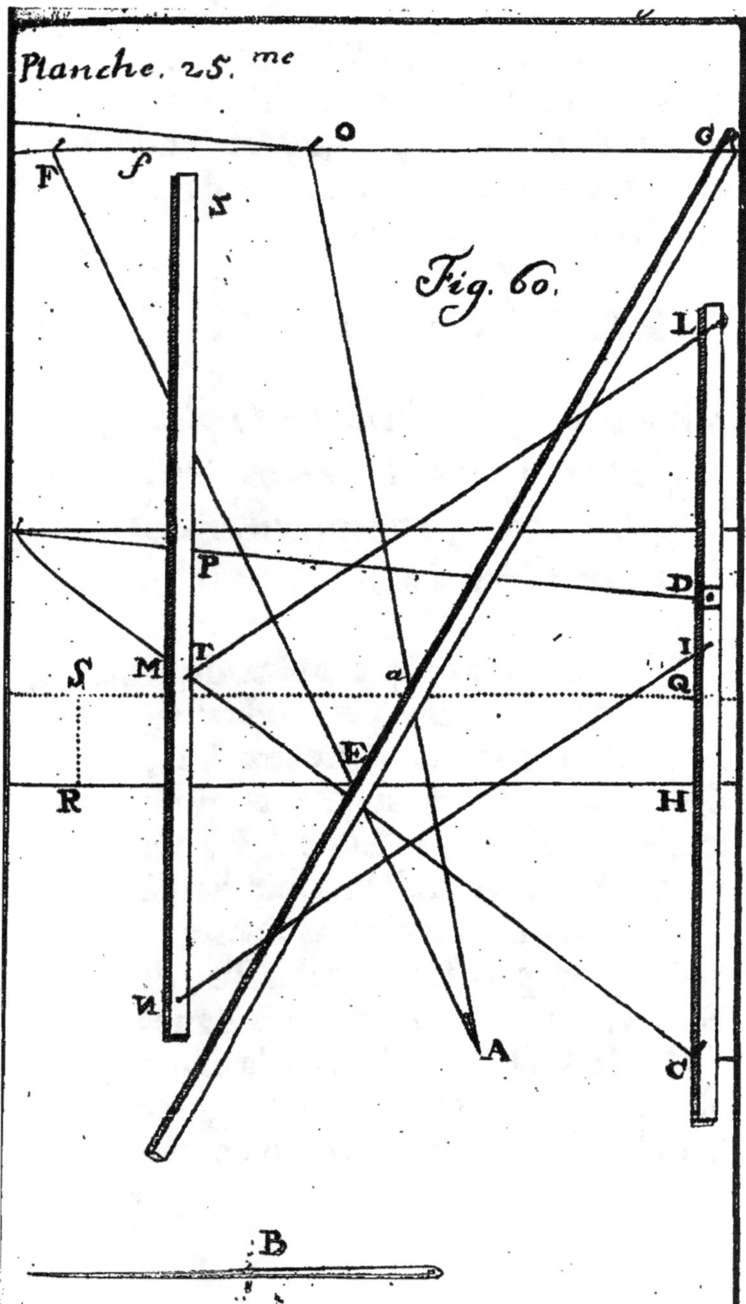

Planche. 25.me
Fig. 60.
O
G
F
S
L
P
D
T
M
a
I
Q
S
E
R
H
u
A
C
B

ques données * pour le Tableau * 110.
perpendiculaire, puisque le Ta- 111.
bleau incliné se peut changer * dans * 82.
un Tableau perpendiculaire.

PROBLEME IV.

Trouver la Perspective de plu- 117.
sieurs lignes de même lon-
gueur, perpendiculaires au
Plan Géométral.

Elevez en quelque point de la Fig. 62.
ligne de terre, une perpendiculaire R C, sur laquelle prenez R L,
égal aux lignes données; & tirez
par le point L, la ligne L P, en
sorte que l'angle L P R, soit égal à
l'angle de l'inclinaison du Tableau;
puis ayant pris R S, égal à P L, &
S C, égal à P R, menez les lignes
S Q, & C D, parallèles à la ligne
de terre: ensuite élevez les figures
du Plan Géométral, jusqu'à ce que

le point R, convienne avec le point
C, & la ligne R H, avec CD;
puis faites le reste comme pour le
Tableau perpendiculaire*, en vous
servant de S Q, pour la ligne de
terre.

Pour la démonstration, *voyez*
n. 115.

R E M A R Q U E.

Le point C, doit être pris au-
dessous du point S, quand le Tableau est incliné vers l'œil, & au-
dessus, quand il l'est de l'autre côté. F *f* de la *fig.* 60. doit être pris ici
égal à R S, & la ligne T *t fig.* 61.
doit être ici une partie de la ligne
R C continuée, & elle doit être
égale à R S.

Pour

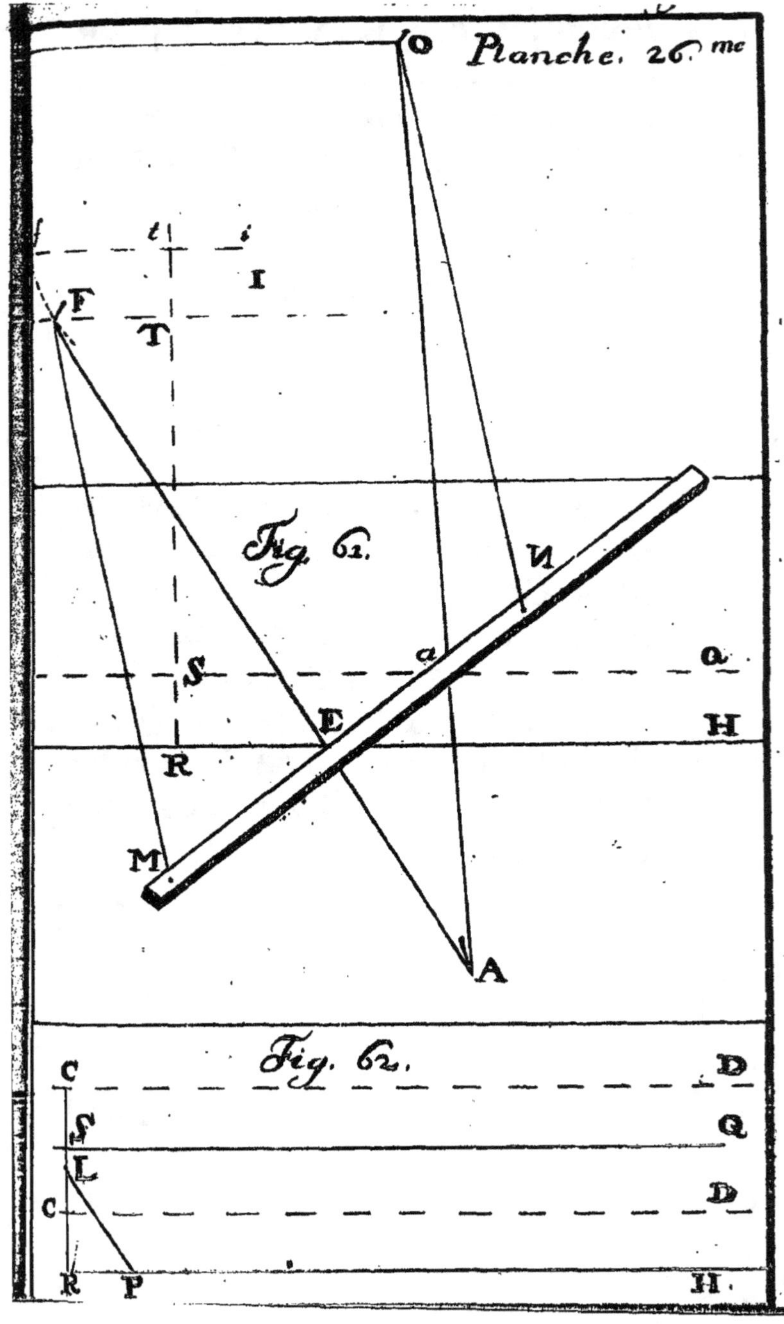

Planche. 26.me
O
f t i
I
F
T
Fig. 61.
U
S a a
E H
R
M
A
Fig. 62.
C D
S Q
L
C D
R P H

Pour le Tableau paralléle.

PROBLEME V.

Mettre en Perspective des fi- 118. *gures qui sont dans le Plan Géométral.*

Ayant tiré au hazard une ligne Fig. 63. CF, prenez à discrétion sur cette ligne le point I, & faites IH & IG, égales à la distance de l'œil d'avec le Tableau : Faites de plus IC, & IF, égales à la distance de l'œil au Plan Géométral, ou du moins que IG, & IH, soient à IF, & IC, comme la distance de l'œil au Tableau est à sa distance au Plan Géométral : Elevez aux points H & G, des perpendiculaires à la ligne CF, & ayez deux régles à chacune desquelles soient attachez deux fils égaux, en sorte que les
distan-

distances des points où ces fils sont attachez dans chacune des régles, soient égales entr'elles, comme M N, & P Q : faites ensuite de F, & de C, comme centres, & pour rayon M N ou P Q, deux arcs de cercles qui coupent les perpendiculaires élevées aux points G & H, dans les points E & D ; puis attachez les extrémitez des deux fils d'une des régles, aux points C & D, & les fils de l'autre, aux points F & E.

PRATIQUE.

Soit Z, le Plan Géométral, & A, un point des figures données. Faites glisser les deux régles en tenant tendus tous les fils, jusques à ce que les deux fils attachez aux points C & F, se croisent au point A ; & alors le point a, où les deux autres fils se croisent, est la perspective cherchée. On en usera de même

même pour trouver les autres points.

DÉMONSTRATION.

Le triangle D *a* E, est semblable 119.
au triangle C A F : & puisque tous
les triangles que l'on forme pour
de différents points, ont les mêmes bazes D E, & C F, qui sont
entr'elles comme la distance de
l'œil au Tableau l'est à sa distance
au Plan Géométral, il s'ensuit que
leurs sommets forment des figures
semblables, dont les lignes corres-
pondantes sont dans la même proportion, & qui par conséquent sont
* les perspectives cherchées.   * 8. 9.

REMARQUE.

On pourra pour la commodité
prendre les fils P E & M D, d'une
autre couleur que les deux autres
Q F, & C N.

PRO-

PROBLEME VI.

120. *Trouver la Perspective de plu-*
sieurs lignes égales entr'el-
les & perpendiculaires au
Plan Géométral.

Fig. 64.   Soient C, D, E, F, G, I, H,
les points marquez des mêmes lettres dans la figure précédente, comme aussi les régles PQ & MN :
soit de plus B, le point où une perpendiculaire de l'œil au Plan Géométral, rencontre ce Plan ; soit T,
la perspective de ce point, trouvée
par le Problême précédent. Faites
FL, & CR, égales à la longueur
des lignes données ; & des points
R, & S, comme centres, & pour
rayon MN, ou PQ, distances des
fils fur les régles, faites deux arcs
de cercle qui coupent les perpendiculaires HD, & GE, aux points
X,

X, & S : puis attachez aux points
L, & S, les extrémitez des fils qui
étoient fixez aux points F & E ; &
transportez de même aux points R
& X, les fils placez en C & en D :
alors faisant glisser les deux régles
jusques à ce que les fils SP, & XM,
s'entrecoupent au point T, marquez le point O, où les deux autres fils s'entrecoupent. Menez par
ce point & par le point B, la ligne
indéfinie BOV : ensuite changez
les figures du Plan Géométral, ensorte que le point B, convienne
avec le point O, & la ligne BO,
avec OV. Trouvez par le Problême précédent, en vous servant des
fils attachez comme nous venons
de le dire, les perspectives des pieds
des perpendiculaires, & vous aurez
celles de leurs extrémitez.

DÉMONSTRATION.

Supposons un plan qui passe par
les

les extrémitez de ces perpendiculaires ; ce plan fera paralléle au Plan
Géométral, & par conféquent auſſi
au Tableau, puiſque toutes les perpendiculaires ſont ſuppoſées égales.
Or la figure que les extrémitez des
perpendiculaires forment dans ce
plan, eſt ſemblable & égale à celle
que leurs pieds forment dan le Plan
Géométral : & partant la Perſpective de la figure qui eſt dans le ſecond Plan, eſt auſſi ſemblable à la
figure qui eſt dans le Plan Géométral, & les lignes qui compoſent
cette Perſpective ſont à leurs correfpondantes dans ce ſecond Plan,
comme la diſtance de l'œil au Tableau, eſt à ſa diſtance au Plan que
nous venons de ſuppoſer. Mais
par le moyen des fils attachez de la
maniére que nous venons de le dire, on trouve une figure dont les
lignes ont * cette proportion là ;
donc cette figure eſt la Perſpective cherchée, & elle eſt ſituée, à

* 119.

l'é-

l'égard des Perspectives des figures
du Plan Géométral, comme elle
doit l'être, parce que nous avons
fait glisser ces figures ; tellement
que la perpendiculaire au point B ,
n'a pour Perspective qu'un point.
Ces mêmes Perspectives sont aussi
tournées de la maniére qu'il le faut,
parce que l'on a fait convenir la
ligne B Q , avec O V.

Pours les Ombres solaires dans 121.
toutes les situations du Ta-
bleau.

PROBLEME VII.

Trouver la Perspective des
Ombres de plusieurs points
élevez de la même hauteur
au-dessus du Plan Géomé-
tral.

Trouvez * un point dans le Plan   * 104.
Géo-

Géométral, qui soit l'ombre d'un des points donnez : changez les figures du Plan Géométral, en sorte que le point d'assiéte de ce point donné, convienne avec son ombre, & que la ligne qui passe par ce point d'assiéte & par le point d'ombre, convienne avec sa prolongation. Alors si suivant la situation du Tableau, on cherche * la Perspective des points d'assiéte des points donnez, on aura celle de leurs ombres.

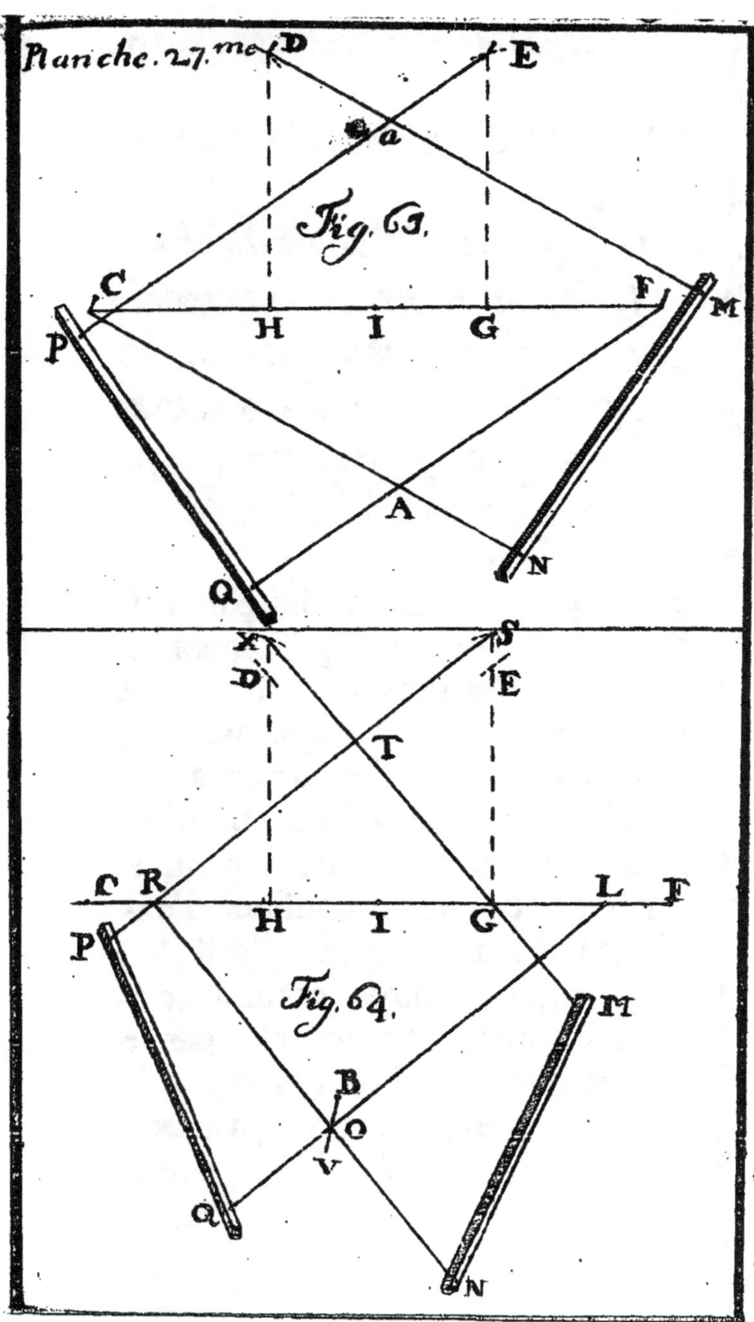

Planche. 27.me
D
E
a
Fig. 63.
C
F
M
P
H
I
G
A
Q
N
D
S
D
E
T
C
R
L
F
P
H
I
G
L
Fig. 64.
M
B
O
V
Q
N

CHAPITRE NEUVIEME.

L'Usage des régles de la Per-
spective dans la Gnomoni-
que. Ou l'art de tracer les
lignes Horaires dans toutes
sortes de Quadrans, par
le moyen de l'Horizontal.

LA perfection du dessein n'est
pas le seul fruit qu'on peut retirer de la Perspective, on peut en
appliquer les régles à quelques autres parties des Mathématiques, &
principalement à la Gnomonique,
ou à l'Art de tracer les Quadrans
Solaires : car si l'on considére l'extrémité du stile comme l'œil, &
les rayons Solaires comme des
rayons visuels, on pourra, par le
moyen d'un quadran Horizontal,
tracer tous les autres quadrans

I   possi-

possibles pour la même latitude, comme nous l'allons démontrer.

122.

Fig. 65.

Soit ABCD, un quadran Horizontal fait pour une latitude quelle qu'elle puisse être ; EF, son stile ; HIML, un Plan sur lequel on doit tracer un quadran. Suppofons que ce Plan soit situé de telle maniére, que l'extrémité de son stile FG, convienne avec l'extrémité du stile du premier quadran ; alors si l'on trouve sur le Plan HIML, la Perspective d'une des lignes Horaires du quadran ABCD ; en confidérant le point F, comme l'œil, il est évident * que l'ombre du point F, rencontrera cette Perspective au même tems qu'elle auroit rencontré la ligne Horaire dont elle est Perspective ; & par conféquent cette ombre montrera sur ce Plan, l'heure qu'elle auroit montré sur le quadran. Partant cette Perspective fera une ligne Horaire d'un quadran tracé sur le Plan HLMI,

* 2.

HLMI, & qui auroit pour stile GF. On démontrera la même chose des Perspectives des autres lignes Horaires qui forment ensemble un quadran sur le Plan HLMI. Voyons maintenant comment on peut trouver le plus commodément ces Perspectives.

PROBLEME I.

Tracer les Quadrans verti- 123. *caux.*

Par le point E, qui est le pied Fig. 66. du stile du quadran Horizontal ABFD, menez la ligne EO, égale à la longueur du stile du nouveau quadran que l'on veut tracer, & faisant avec la méridienne C. XII, un Angle égal à l'Angle de la déclinaison du Plan : cet Angle doit être pris vers le point D, quand la déclinaison est du midi à l'Orient, comme ici ; vers F, quand elle est

I 2   du

du midi à l'Occident; vers A, quand elle eft du Septentrion à l'Occident, & vers B, quand elle eft du Septentrion à l'Orient.   Par l'extrémité O de cette ligne, tirez la ligne I H, qui lui foit perpendiculaire; puis menez par le centre du quadran, la ligne C P, paralléle & égale à E O; & par fon extrémité P, menez la ligne P S, paralléle à H I.

Fig. 67.   A préfent pour tracer le quadran, tirez-en un endroit à part la ligne *h i*, fur laquelle vous marquerez les divifions de la ligne H I; & au point *o* qui convient avec le point O, vous éleverez la perpendiculaire *o p*, égale au ftile du quadran Horizontal A B D F : menez par l'extrémité de cette perpendiculaire une paralléle à *h i*, fur laquelle vous marquerez les divifions de la ligne P S, en faifant convenir le point P, avec le point *p*; puis joignez chaque divifion de cette ligne avec

avec celle qui lui répond dans la
ligne *hi*, & vous aurez le quadran
cherché, dans lequel *p*, sera le
pied du stile, & *ps*, la ligne Horizontale.

DÉMONSTRATION.

La ligne de terre est *hi*; *ps* est
la ligne Horizontale; *p*, le point
de vûë; & EO, ou CP, de la
fig. 66. est la longueur du rayon
principal.

Supposons que le Plan *pshi*,
soit posé perpendiculairement sur
le quadran Horizontal, en sorte
que la ligne *hi* convienne avec HI;
& le point *o*, avec O. Supposons
de plus que par l'extrémité du stile,
que je considére comme l'œil, on
méne dans le Plan Horizontal des
lignes paralléles aux lignes Horaires du quadran; ces lignes comme
il est évident, rencontreront la ligne Horizontale *p s*, dans les

Fig. 66.
& 67.

I 3   points

points déja marquez; & par con-
* 13. féquent * les Perspectives des lignes Horaires font les lignes qui
joignent les divisions des lignes *hi*
& *p s*.

REMARQUE.

Quand il arrive que la ligne H I,
rencontre la méridienne, la méthode ordinaire par le quadran Horizontal, est plus facile que celle-ci.

PROBLEME II.

124. *Tracer les Quadrans inclinez.*

Ces quadrans se tracent de la mé-
me maniére que les verticaux,
après que l'on a fait la préparation
suivante.

Fig. 68.   Tirez la ligne *e c* égale au stile
du quadran Horizontal, & élevez
à ses deux extrémitez les perpendiculaires *e o*, & *c p*; puis par le point

c,

Planche. 28.me 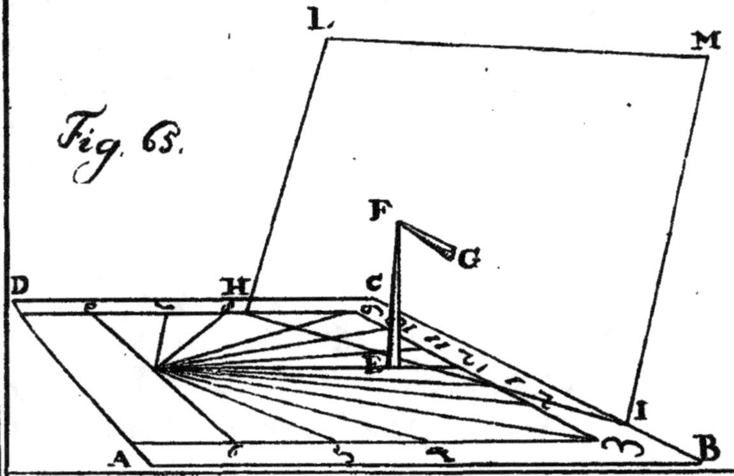
Fig. 65. 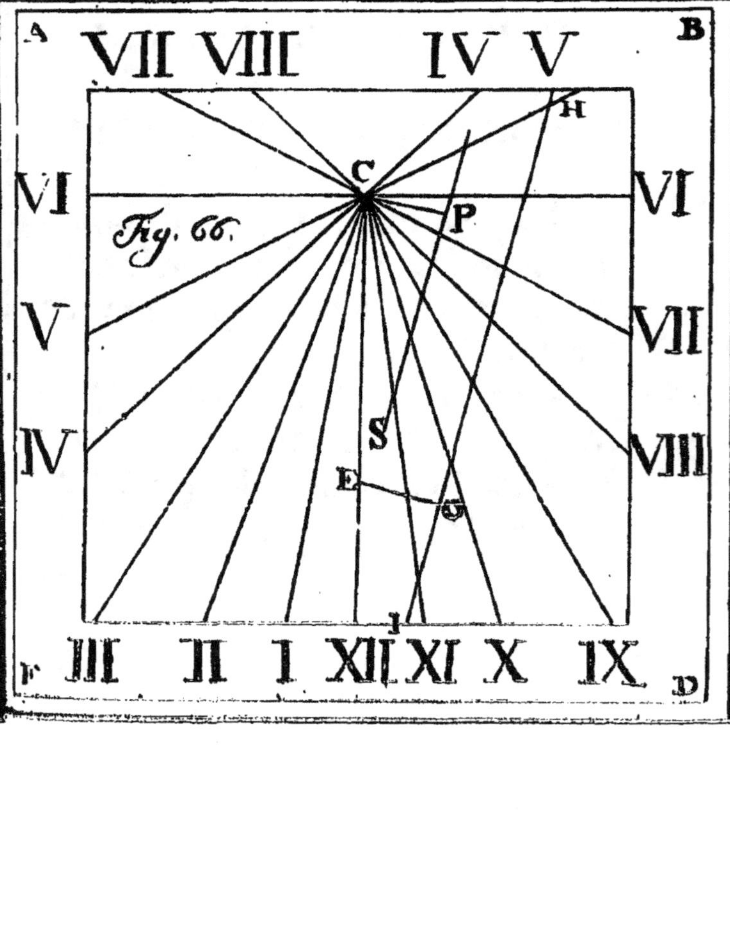
L
M
F
G
D
H
c
E
I
A
B
A
VII VIII IV V
B
H
VI
C
P
VI
Fig. 66.
V
VII
IV
S
VIII
E
G
F
III II I XII XI X IX
D

c, menez la ligne *c* G égale à la longueur du stile du quadran que l'on veut tracer ; & faisant avec *c e* un Angle égal à l'Angle de l'inclinaison du Plan sur lequel on le doit tracer ; après quoi menez par l'extrémité G de cette ligne, la ligne *o* G *p* qui lui soit perpendiculaire. Cette préparation achevée, on se sert de la pratique du Prob. précédent, en faisant E O & C P dans le quadran Horizontal, égales à *o o*, & *c p*, de cette figure ; & *o p* dans le quadran que l'on veut tracer, égal à *o p* de cette figure, dans laquelle le point G, donne le pied du stile.

S'il arrive dans la préparation Fig. 69. dont nous venons de parler, que la ligne *p o*, coupe la ligne *e c*, il faut dans le quadran Horizontal prendre E O, dans la même ligne, où on l'auroit pris sans cela ; mais dans cette ligne continuée de l'autre côté du pied du stile.

La

La Démonstration de ce Problême est la même que celle du précédent, si l'on considére que l'Angle *po*Q, est égal à l'Angle G*ce*, qui a été fait égal à celui de l'inclinaison du Plan.

On pourroit encore montrer plusieurs autres usages des régles de la Perspective, pour faciliter la Gnomonique; mais cela ne regarde pas mon sujet, il me suffit d'en avoir donné un petit Essai, touchant le Problême le plus commun & le plus utile de l'Art de tracer les Quadrans.

F I N.

USA-

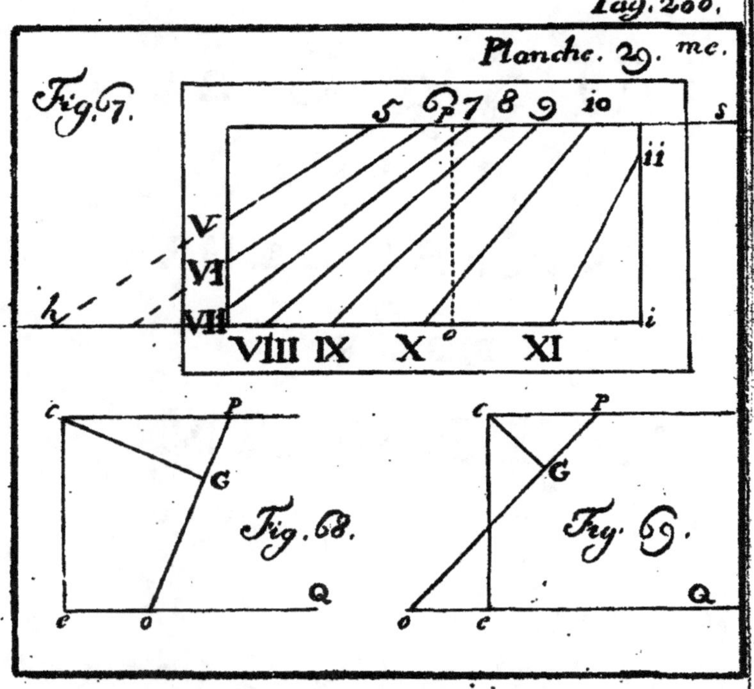

Planche. 29.me
Fig. 7.
5 6 7 8 9 10
s
11
V
VI
VII
h
VIII IX X XI
i
c P
G
Fig. 68.
Q
e o
c P
G
Fig. 69.
Q
o c

USAGE

DE LA

CHAMBRE OBSCURE

POUR

LE DESSEIN.

15

AVERTISSEMENT.

TOut le monde sçait avec quelle facilité on peut, par le moyen d'un seul verre convexe, repréfenter au naturel dans un lieu obfcur, les objets qui font au dehors. Spectacle, que la vivacité des couleurs, & la varieté des mouvemens rendent très agréables ! Il eft d'ailleurs fi aifé de rendre cette invention utile pour le deffein, que le foin de traiter cette matiére auffi au long qu'on le fait ici, paroîtra fans doute peu néceffaire. Il femble qu'un petit nombre de remarques fuffifent à un Lecteur attentif, pour le mettre fur les

 voyes

AVERTISSEMENT.

voyes, & lui donner lieu d'employer quelque machine aux
u/ages qu'on lui auroit indi-
qué. On pourroit lui laiſſer
ainſi le plaiſir de l'invention,
après la lui avoir renduë facile. C'eſt auſſi là le premier
parti qu'on avoit réſolu de
prendre : mais on a conſideré
que dans la conſtruction mé-
channique d'une machine propre à faciliter le deſſein, on ne
pouvoit pas prévoir pluſieurs
choſes que l'expérience ſeule
peut apprendre ; qu'il falloit tatonner aſſez long-tems,
& eſſayer pluſieurs méthodes
avant d'en pouvoir choiſir une
qui fût ſimple & utile. Comme on avoit fait tout ce chemin
là,

AVERTISSEMENT.

là, on a crû devoir en épar-
gner la fatigue aux autres,
& on a espéré qu'il ne leur
seroit pas desagréable de voir
ici la description de deux machines, lesquelles après plusieurs
changemens, on se flate d'a-
voir renduës assez commodes.

La premiére des deux est
sans contredit preférable de
beaucoup à la seconde: elle est
plus ferme; elle rend le travail plus aisé & plus exact;
& il est plus facile d'y représenter les tailles douces. Joignez à tout cela, qu'avec très
peu de changement on pourroit
la rendre susceptible du petit
nombre d'usages qui sont particuliers à la seconde Machi-

AVERTISSEMENT.

ne ; mais qui font de fort peu de conféquence. Néanmoins comme cette derniére Machine eft plus fimple, d'une dépenfe beaucoup moindre, & quelle eft plus facile à tranf-porter, on a crû qu'il feroit bon d'en donner auffi la defcription dans ce petit Ouvrage.

Je ne m'arrêterai point à faire valoir les avantages que ces Machines pourront procurer aux Peintres ; je remarquerai feulement qu'elles font d'un grand ufage pour réduire dans un même Tableau plufieurs objets féparez. On peint le plus qu'il eft poffible d'après la nature : mais il eft très mal aifé de donner à plufieurs objets

re-

AVERTISSEMENT.

repréſentez dans un Tableau leur véritable grandeur, & de les raporter à un même point de vûë : cependant cela s'éxécute avec beaucoup de facilité par le moyen des machines. Le point de vûë y eſt toûjours le même, tant qu'on ne change point la diſpoſition du verre convexe ; & la grandeur de la repréſentation des objets y dépend de leur éloignement de la Machine.

On pourroit ſans doute perfectionner d'avantage cette invention, ſi quelqu'un vouloit s'en donner la peine. Voici quelques remarques qui ne lui ſeront pas inutiles. 1. Il ne faut pas ſe ſervir de plus d'un verre convexe ; car quand on en employe

deux

AVERTISSEMENT.

deux, ou d'avantage, on perd la véritable Perspective des objets. Inconvenient à quoi on est aussi sujet, quand de quelque maniére que ce puisse être, on fait entrer le miroir concave, dans la construction de la Machine? 2. Quand on employe plus de deux miroirs plans, les rayons après une triple réfléxion sont trop foibles pour bien représenter les objets. Il faut même quand on se sert de deux miroirs qu'ils soient bien polis. 3. Il ne faut pas faire entrer les miroirs dans la Machine : car dans un lieu si étroit, l'humidité de la respiration les obscurciroit ; ce qui n'arrive pas au verre convexe, par ce qu'il est renfermé dans un tuyau.

USAGE
DE LA
CHAMBRE OBSCURE
POUR
LE DESSEIN.

DEFINITION.

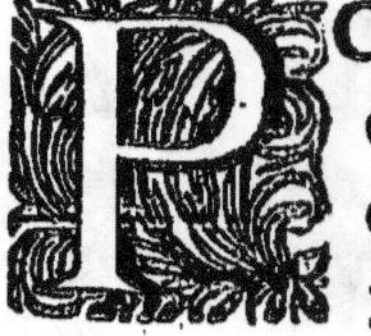

On nomme Chambre Obscu- 1.
re, tout lieu privé de lumiére, dans lequel on représente sur un papier, ou sur
quelqu'autre chose de blanc,
les objets qui sont au dehors,
exposez au grand jour.

POur représenter ainsi les
objets, on fait de leur
côté, dans ce lieu ob-
scur, une petite ouver-
ture;

ture : on place dans cette ouverture un verre convexe, & au foyer
de ce verre on étend un papier fur
lequel alors les objets paroiffent
renverfez.

THÉORÉME I.

2. *La Chambre Obfcure donne la
véritable PerfpeCtive des
objets.*

Les figures repréfentées dans la
Chambre Obfcure fe forment, *comme cela fe demontre dans la Diop-
trique*, par des rayons, qui partant de tous les points des objets,
paffent par le centre du verre : de
forte qu'un œil pofé dans ce centre, verroit les objets par ces mêmes rayons lefquels par conféquent
doivent donner la véritable repréfentation des objets, par leur rencontre avec un Plan. Mais la pi-
ra-

ramide que forment ces rayons au
dehors de la Chambre, étant semblable à celle qu'ils forment après
avoir passé le verre, il s'ensuit que
les rayons, qui, dans la Chambre
rencontrent le papier, y donnent
aussi la véritable représentation des
objets. Ce qu'il falloit démontrer.

Ces objets paroissent renversez,
par ce que les rayons se croisent en
traversant le verre, ceux qui viennent d'enhaut passant en bas, &c.

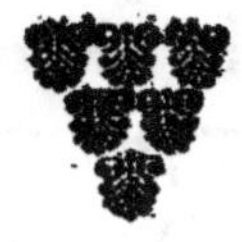

THEO-

THEOREME II.

3. *La reflection que souffrent les rayons sur un miroir Plan, avant de rencontrer le verre convexe, ne gâte point la représentation des objets.*

Cela est clair; car le miroir réfléchit les rayons dans le même ordre qu'il les reçoit.

Pour montrer à présent l'usage qu'on peut tirer de la Chambre Obscure pour le dessein, je donnerai ici la description de deux Machines dont je me suis servi pour cet effet, & j'en montrerai les usages.

Description de la premiére Machine.

Cette Machine a la forme à peu près d'une chaise à porteur : le dessus en est arrondi vers le derrié- re, & par devant elle est faite en talut jusques à la moitié de sa hauteur : voyez la Figure 70. qui repréfente la Machine, dont le côté opposé à la porte, est fuppofé enlevé, pour qu'on en puiffe voir le dedans.

Au dedans la planche A, fert de table : elle tourne fur deux chevilles de fer qui entrent dans les bois qui forment le devant de la Machine. Cette table est foutenuë par deux chaînettes ; de forte qu'on peut la foulever, pour entrer plus commodement par la porte qui est de côté.

De part & d'autre il y a vers le derriére de la Machine, un tuyaux

de

4.
Fig. 70.

5.

6.

de fer blanc recourbé vers les deux bouts, comme on le voit dans la Figure 76. Ces tuyaux se placent dans la garniture qui est au dedans, & ils ont chacun une de leurs extrémitez, qui donne dans la Machine, & une qui aboutit au dehors. Ils servent à donner de l'air, sans que la lumiére y puisse passer. On n'a pas pû les marquer dans la Figure de la Machine.

7. Au derriére de la machine, en dehors, sont attachez quatre petits fers *c, c, c, c*, dans lesquels glissent deux régles de bois D E, D E, lesquelles sont de la largeur d'environ trois pouces. Au travers du haut de ces deux régles, passent vers D, D, deux lattes, qui tiennent attachée une planche F, laquelle, par leur moyen, on peut faire avancer & reculer.

8. Au-dessus de la Machine, il y a une planche, longue d'environ quinze pouces, & large de neuf,

dans

dans laquelle il y a une échancrure
PMOQ, longue de neuf ou dix
pouces & large de quatre.

On attache sur cette planche, 9.
deux régles faites en forme de queuë
d'aronde, entre lesquelles on fait
glisser une autre planche de même
longueur que la prémiére, & large
d'environ six pouces. Cette seconce
ce planche est percée par le milieu ;
& dans cette ouverture qui doit
avoir environ trois pouces de Diamétre, on fait une écrouë, qui sert
à élever & à abaisser un Cilindre,
sur lequel il y a une vis, & dont la
hauteur est d'environ quatre pouces. C'est dans ce Cilindre, comme on le verra dans la suite, qu'est
placé le verre convexe.

On fait glisser au-dessus de la 10.
planche dont on a parlé *n*. 8. une
boëte X, en forme de petite tour
quarrée, large d'environ sept ou
huit pouces, & haute de dix ; le
côté B, qui lui sert de porte, est

tourné

tourné vers le devant de la Machine. Le derriére de cette boëte à vers le bas une ouverture quarrée N , d'environ quatre pouces, laquelle peut se fermer par une petite planche I , qui glisse entre deux régles.

11. Au - dessus de cette ouverture quarrée, il y a une fente, paralléle à l'Horizon, & qui tient toute la largeur de la boëte ; par cette fente on fait entrer dans la boëte un petit miroir, qui des deux côtez glisse entre deux régles placées de telle maniére, que la glace du miroir qui est tournée vers la porte B, fait avec l'Horizon, un Angle de cent douze dégrez & demi.

12. Ce miroir, sur le milieu du côté qui reste hors de la boëte, a une petite platine de fer qui tient lieu de baze à une petite vis , laquelle avance & sert à arrêter le miroir dans l'endroit où on le voit en H. Pour le fixer ainsi, on fait passer la vis dans un petit trou qu'on fait

dans

dans la planche dont il eſt parlé
n. 9., & par une fente qu'on fait
pour cet effet dans la planche qui
eſt au deſſous de celle-là, & dont
on a parlé *n.* 8. Ce miroir ſe tourne verticalement de tous côtez,
& on l'arrête par le moyen d'une
écrouë R. Quand on ôte le miroir, de cette ſituation, la fente
dont on vient de parler ſe ferme
par une petite planche, qui au dedans de la Machine gliſſe entre deux
petites régles. Quant à la fente
dont il eſt parlé *n.* 11. elle ſe ferme en partie par la planche I,
quand on ouvre l'ouverture N, &
les deux bouts qui reſtent ouverts
ſe ferment par de petites régles.

A un des côtez de la boëte, on 13.
fait gliſſer une régle dans deux
petits fers, pareils à ceux qui ſont * * 7.
au derriére de la Machine. Cette
régle paſſe de quelques pouces le
derriére de la boëte ; & à ſon extrémité, elle a un trou par où on fait

K

paſſer

passer la vis du miroir dont je viens
de parler : de sorte qu'on peut incliner ce miroir sous toutes sortes
d'angles, au devant de l'ouverture N.

14.   Outre ce premier miroir, il y en
a un autre marqué L. Il est plus
petit, & attaché vers son milieu à
une latte qui passe par le milieu
du haut de la boëte. Cette latte
peut s'arrêter à vis, & elle sert à
élever & à abaisser le miroir, qui
lui est attaché de maniére à pouvoir être fixé à toutes sortes d'in-
clinaisons.

REMARQUE.

Ceux qui croiront que les tuyaux
dont il est parlé *n.* 6. ne suffisent
point pour donner de l'air à la Machine, pourront mettre sous le sié-
ge un petit souflet, qu'on fera agir
par le moyen du pié. De cette
maniére on renouvellera continuel-
le-

lement l'air de la Machine, le fou-
flet chanfant celui qui y eft, &
obligeant ainfi celui de dehors d'entrer par les tuyaux.

Ufage de la Machine.

PROBLEME I.

Repréfenter les objets dans leur   15.
   difpofition naturelle.

Quand on veut repréfenter les Fig 70.
objets dans cette Machine, on
étend un papier fur la table, ou
bien, ce qui eft mieux, on étend
le papier fur une autre planche,
en forte qu'il déborde, & on infé-
re cette planche ainfi couverte,
dans un Quadre, en forte qu'elle y
foit fixée, par le moyen de deux
régles faites en forme de Queuë d'a-
ronde.

On met dans le Cilindre C, * qui   * 9.
   K 2   tour-

tourne à vis dans le haut de la Machine, un verre convexe dont le foyer est à une distance à peu près égale à la hauteur de la Machine au dessus de la Table : on ouvre par derriére la boëte qui est au dessus de la Machine, & on incline vers cette ouverture le miroir L, ensorte qu'il fasse avec l'Horizon un Angle demi droit, quand on veut représenter les objets pour le Tableau perpendiculaire. Alors, si on ôte le miroir H, & la planche F, aussi bien que les régles D E, D E, on verra se placer sur le papier tous les objets, qui envoyent sur le miroir L des rayons qui peuvent être réfléchis sur le verre convexe, lequel on éleve ou l'on abaisse par le moyen de la vis du Cilindre, jusques à ce que les objets paroissent entiérement distincts.

16.   Quand on veut représenter ces mêmes objets pour le Tableau incli-

cliné, on doit donner au miroir, la moitié de l'inclinaison qu'on veut donner au Tableau.

Pour le Tableau paralléle, il faut fermer l'ouverture N, & ouvrir la porte B : après quoi il faut élever le miroir L jusques au haut de la boëte, en le mettant dans une situation paralléle à l'Horifon. Cette difpofition de la Machine peut fervir, quand on eft fur un balcon ou à quelque étage élevé, à deffiner un parterre qui feroit au bas. **17.**

Si on vouloit deffiner un Statuë qui feroit dans un lieu un peu élevé, & qu'on voulût la repréfenter de la maniére qu'il faudroit la Peindre, contre un Plât-fond, il faudroit tourner le derniére de la Machine vers la Statuë, & tourner aufli la boëte, en forte que la porte B, regardât la Statuë ; alors après avoir ouvert la porte, il faudroit mettre le miroir L Verticalement, la glace tournée vers la Statuë, & **18.**

K 3   avan-

avancer ou reculer la boëte , ou
bien élever, ou abaisser le miroir,
jusques à ce que les rayons qui
viennent de la Statuë sur le miroir,
pussent être réfléchis sur le verre.
Quand ces changemens de la boëte
ou du miroir, ne suffisent pas pour
donner cette réfléxion sur le verre,
il faut avancer ou reculer la Machine entiére.

DÉMONSTRATION.

De ce qui vient d'être dit sur l'Inclinaison du miroir.

19.   Pour démontrer qu'on a incliné
le miroir d'un maniére convena-
ble, il suffit de prouver que les
rayons réfléchis rencontrent la Table sous le même Angle que les
rayons directs rencontreroient un
Plan qui auroit la situation qu'on
veut donner au Tableau.

Fig. 71.   Soit donc A B, un rayon venant
d'un

d'un point de quelque objet sur le miroir G H, d'où il est réfléchi sur la Table de la Machine en *a* : il faut d'émontrer que si l'on mene la ligne D I, qui fasse avec F E un Angle égal à l'inclinaison du Tableau, c'est-à-dire, * que l'Angle *15. 16. D I E soit double de l'Angle D F I : il faut démontrer, dis-je, que, l'Angle B *a* F est égal à l'Angle B C D.

Par la construction, l'Angle D I E est double de l'Angle D F I ; par conséquent ce dernier Angle est égal à l'Angle I D F ; & puisque l'Angle d'incidence C B D, est égal à l'Angle de réfléxion *a* B F, le Triangle B C D est semblable au Triangle F *a* B ; d'où il s'ensuit que l'Angle B *a* F est égal à l'Angle B C D. Ce qu'il falloit démontrer,

Pour ce qui a été dit du Tableau 20. paralléle, il faut remarquer ; que dans la démonstration précédente

 l'An-

l'Angle de l'inclinaison du Tableau
se mesure du côté des objets ; &
que si on diminuë cet Angle, jusques à ce qu'il soit égal à zero,
on aura un Tableau paralléle à
l'Horizon au dessous de l'œil. Mais
par la démonstration , l'Angle de
l'inclinaison du miroir étant la moitié de l'Angle de l'inclinaison du
Tableau, il s'ensuit que l'inclinaison du miroir est aussi zero , & par
conséquent qu'il doit aussi être pa-
21. ralléle à l'Horizon.   On démontre de même que le miroir doit être
placé Verticalement quand on considére le Tableau paralléle au dessus
de l'œil : car pour donner cette
situation au Tableau , il faut augmenter , l'Angle d'inclinaison du
Tableau mesuré du côté des objets,
jusques à ce qu'il soit de 180. dégrez dont la moitié est 90. qui par
conséquent est l'inclinaison du miroir.

PRO-

PROBLEME II.

Repréfenter les objets, en fai-faut paroître à droit, ce qui doit être à gauche. 22.

Ayant mis la boëte X, dans Fig. 70. la fituation qu'on voit dans la figu re, il faut ouvrir la porte B & fer- mer l'ouverture N ; puis mettant le miroir H dans la difpofition qu'il a été dit (n. 11.) Elevez le miroir 23. L, vers le haut de la boëte, & in- clinez-le vers le premier miroir, en forte qu'il faffe avec l'Horifon un Angle de 22. dégrez & demi ; c'eft-à-dire, que le deffus de la Ma- chine, après une double réfléxion, paroiffe Vertical dans le premier miroir.

Pour le Tableau incliné, il faut 24. que le miroir L faffe avec l'Hori- zon, un Angle égal à la moitié de

K 5   l'Anl'Angle de l'inclinaison du Tableau, moins le quart d'un Angle droit. On trouve cèt Angle avec assez de précision pour là pratique, en inclinant le miroir L, jusques à ce que l'apparence du dessus de la Machine, après une double réfléxion, paroisse dans l'autre miroir sous un Angle avec l'Horizon, égal à l'inclinaison qu'on veut donner au Tableau. Si l'inclinaison du Tableau étoit moindre que du quart de 90. dégrez, il ne faudroit pas incliner le miroir L, vers le prémier, comme il a été dit *, mais du côté opposé, en faisant l'Angle de l'inclinaison du miroir, égal à la différence de l'Angle de l'inclinaison du Tableau, au quart de 90. dégrez.

* 23.

25. Quand on veut représenter les objets pour le Tableau paralléle, il faut mettre le miroir L, dans la disposition qui a été dite (n. 15.) & le miroir H, dans celle qui a été dite (n. 13.) en l'inclinant vers l'Ho-

l'Horizon , fous un Angle demi droit , la glace tournée vers la terre , quand on fuppofe le Tableau au deffous de l'œil , & vers le Ciel quand on le fuppofe au deffus.

Cette difpofition de la Machine 26. peut auffi être d'ufage pour les Tableaux inclinez qui font avec l'Horizon un Angle fort petit ; mais alors il faut diminuër l'inclinaifon d'un des miroirs, de la moitié de l'inclinaifon du Tableau.

DÉMONSTRATION.

De l'Inclinaifon des Miroirs. 27.

J'ai dit * que pour le Tableau * 22. perpendiculaire, il falloit qu'un des miroirs fit , avec l'Horizon, un Angle * de 112. dégrez 30. min., * 11. & que l'autre miroir L devoit * * 23. être incliné vers le premier, & faire avec l'Horifon un Angle de 22. dég. 30. min. Soient M N & G H, Fig. 72.

K 6   deux

deux miroirs dans la situation que
je viens de marquer : il faut démontrer que si le rayon A B, est paralléle à l'Horizon , il doit, après être
réfléchi en B & en C, tomber perpendiculairement sur la machine. L'An-
* 11.   gle A B N est * de 112. d. 30. m. ;
par conséquent l'Angle d'inciden-
ce A B M , & son égal l'Angle de
réfléxion C B N , sont chacun de
67. d. 30. m.   L'Angle B P Q, est
le complement à 180. d. de l'Angle N B A , plus l'Angle P Q B qui
* 23.   est * de 22. d. 30. m. , donc cet
Angle B P Q est de 45. d.   L'Angle P C B est le complément à 180.
d. des deux Angles C B P & B P C ;
par conséquent il est de 67. d. 30.
m. , de même que son égal l'Angle
de réfléxion Q C a.   En raisonnant
de la même maniére , on trouve
dans le triangle R C Q , que l'Angle C R Q est droit.   Ce qu'il falloit démontrer.

28.   Il n'est pas absolument nécessai-

re

re de donner aux miroirs l'inclinaison dont on vient de parler ; on
peut prendre l'Angle A B N à difcrétion, & retrancher cet Angle
d'un Angle de 135. d., pour avoir
l'inclinaison du miroir G H. Néanmoins les Angles que nous avons
déterminez font les plus avantageux pour le Tableau perpendiculaire.

Quand le Tableau est incliné & 29.
qu'il fait avec l'Horizon l'Angle Fig. 73.
D I A il faut * que le miroir M N
garde fa situation, & que l'Angle * 24.
C Q R foit égal à la moitié de l'Angle D I A, moins le quart d'un Angle droit ; & je dis qu'alors l'Angle F a C, ou fon égal C R Q fera
égal à l'Angle B I D. L'Angle
P B Q, est * de 112. d. 30. m. donc * 21.
l'Angle B P Q, qui est le complément à deux droits de P B Q, &
de P Q B, est * de 90. d., moins la * 27.
moitié de l'Angle D I A : d'où il
s'enfuit puifque N B C est de 67.
K 7   d.

d. 30. m. , que l'Angle B C P , &
fon égal R C Q , eft de 22. d. 30. m,
plus la moitié de D I A. Si on
ajoûte à cèt Angle, l'Angle R Q C,
leur fomme fera égale à l'Angle
D I A ; d'où il fuit que l'Angle
C R Q , eft égal à D I R. Ce qu'il
falloit démontrer.

30.   Si on changeoit l'Angle R B N,
& qu'il fût (a) & l'Angle D I A $= b$.
Et qu'on nommât (d) l'Angle droit;

$$\text{l'Angle C Q R} = d + \frac{2}{1}b - a,$$

31.   Pour le Tableau paralléle il eft
Fig. 74. aifé de voir que quand les deux
miroirs G H & M N , font chacun inclinez fous un Angle demi droit, un
rayon , qui eft perpendiculaire à
l'Horizon , tombe auffi , après la
double réfléxion, perpendiculairement fur la Table.

PRO-

PROBLEME III.

Repréfenter tour à tour les Objets qui font aux environs d'une Campagne, ou d'un Jardin, au milieu du quel on a placé la Machine, & faire paroître ces Objets redreffez, devant celui qui eft affis dans la Machine. 32.

Il faut tourner le dos de la Machine, vers le Soleil, par ce que les objets qui font derriére la Machine, fe repréfentant * par une feule réfléxion, leur apparence fera toûjours plus claire, bien qu'ils foient dans l'ombre, que celle des objets placez aux autres côtez & qui ne peuvent être vûs que par une double réfléxion. * 15.

Les

33.

Fig. 70

* 12.

Les objets qui font aux deux côtez de la Machine, se représentent par le moyen du Miroir H, situé * comme on le voit dans la Figure. On couvre ce Miroir d'une tour, ou boëte de carton ouverte du côté des objets, comme aussi du côté de l'ouverture N, de la boëte X; on doit uſer de cette précaution; car ſi on laiſſe le Miroir entiérement expoſé, il réfléchira ſur le Miroir L, les rayons de lumiére qui viennent de côté; leſquels entrant par le verre convexe, après avoir été réfléchis par le miroir L, affoibliront extrêmement la repréſentation.

34. Les objets qui font au devant de la Machine, ſe repréſentent comme il a été dit (n. 22. & 28.)

PRO-

PROBLEME IV.

Repréfenter des Tableaux ou des Taille-douces.

35.

Les Tableaux & les Taille- Fig. 70.
douces qu'on veut repréfenter,
s'attachent contre la planche F,
du côté qui regarde le derriére
de la Machine, laquelle on tourne
en forte que ces Taille - douces
foient expofées au Soleil. Dans
cette fituation on les repréfente
comme * les autres objets, avec   * 15.
cette feule différence, qu'il faut
changer le verre convexe, qui eft
dans le cilindre C: car fi on fe
propofe de donner aux Taille-douces leur véritable grandeur, il faut
que la diftance du foyer à ce verre, foit égale à la moitié de la hauteur de la Machine au deffus de la
table; c'eft à dire, à la moitié de
AC. Si on vouloit, dans le def-

fein,

fein, donner à ces mêmes figures plus de grandeur qu'elles n'en ont véritablement, il faudroit que la diſtance du foyer à ſon verre fût encore plus petite; & il faudroit au contraire qu'elle fût plus grande ſi on vouloit repréſenter les figures plus petites qu'elles ne le font. L'éloignement dans lequel il faut mettre les Taille-douces, ſe trouve en avançant ou en reculant la planche F, juſques à ce qu'elles paroiſſent diſtinctement dans la Machine. On peut déterminer encore cet éloignement, par la proportion ſuivante.

36.

La hauteur de la Machine au deſſus de la table, moins la diſtance du foyer au verre,

eſt à

la hauteur de la Machine au deſſus de la table

comme

la diſtance du foyer au verre

eſt

eſt à
la diſtance du verre à la figure.

Remarquez que cette diſtance du verre à la figure, ſe meſure par un rayon refléchi, qui part de la figure parallélement à l'horizon, & eſt refléchi par le Miroir perpendiculairement ſur le verre. Remarquez encore, que quand on veut éloigner les figures au delà du derriére de la Machine, il faut les attacher contre le côté F, de la planche, & la tourner en faiſant paſſer ſes lattes par les régles D E, D E, de maniére que la face F, regarde l'ouverture N.

R E M A R Q U E.

Sur la repréſentation des Viſages. 37.

Il ſeroit aſſûrément très curieux & très utile de pouvoir repréſenter les Viſages des Hommes,

au

au naturel. La chofe réüffit fort bien en petit; & quand, parmi les objets qu'on envifage ainfi tracez, il fe trouve quelque perfonne de connoiffance, on la reconnoît très diftinctement, quand même l'apparence de la perfonne entiére n'occuperoit pas un demi pouce fur le papier; mais il y a plus de difficulté de réüffir en grand; car quand on repréfente un Vifage dans fa grandeur naturelle, on employe * 35. un verre tel qu'il a été dit * pour les Tailles-douces, & on place le vifage dans l'endroit où on devoit * 35. mettre la planche F*. Mais ce vifage qui paroît alors affez diftinctement pour qu'on puiffe reconnoître la perfonne, & pour fatisfaire à la vûë, n'a pas d'ailleurs les traits affez marquez pour qu'ils puiffent être fuivis auffi éxactement qu'il le faudroit pour garder la reffemblance. La raifon en eft, que les traits paroiffent vifs & diftincts

dans

dans la Chambre Obſcure, quand
la réünion des rayons qui partent
d'un même point d'un objet, ſe
fait éxactement ſur le papier, dans
un ſeul point: mais le moindre
éloignement, où un point eſt plus
qu'un autre, du verre convexe,
quand la diſtance eſt auſſi petite
qu'il la faut pour repréſenter les
objets dans leur grandeur naturelle, change tellement le lieu de cette réünion, que pour les différentes parties du viſage, ces lieux dif-
férent de plus de deux pouces &
demi.   Ainſi il n'eſt pas ſurprenant
que tous les traits ne ſoient pas
auſſi marquez qu'on le ſouhaite,
puiſque dans toutes les diſtances
qu'on pourra choiſir, il y aura
toûjours beaucoup de rayons dont
la réünion ſe fera à plus d'un pouce
au deçà ou au delà du papier. La
confuſion qui naît de cette diverſi-
té, pour n'être pas fort remarqua-
ble à la vûë, ne laiſſe pas d'être
nui-

nuisible, & d'empêcher qu'on ne puisse attraper une éxacte ressemblance.   Je fais ici cette remarque, afin de donner une juste idée de la valeur de cette Machine, en marquant également en quoi elle peut être réellement utile, & en quoi son utilité aparente est sujette à une erreur que l'expérience découvre plûtôt que le raisonnement.

R E M A R Q U E. II.

38.   *Sur l'ouverture du verre convexe.*

Dans tous les Problêmes précédens il ne faut pas négliger d'éxaminer l'ouverture qu'on doit donner au verre convexe ; car bien qu'on ne puisse pas réduire cette ouverture à une mesure fixe, il sera bon toûjours de faire attention aux remarques suivantes. 1. Qu'on peut

peut ordinairement donner au verre la même ouverture qu'on don-
neroit à une lunette d'approche,
dont ce verre seroit l'objectif. 2.
Qu'il faut diminuër cette ouverture quand les objets sont fort éclai-
rez, & qu'il la faut augmenter,
quand au contraire quand ils sont exposez à un jour plus foible. 3. Que les
traits paroissent mieux marquéz
avec une petite ouverture qu'avec
une plus grande, & qu'ainsi lors
qu'on veut dessiner, il faut donner
au verre le moins d'ouverture qu'il
sera possible; avec cette précaution
pourtant, qu'il ne faut pas trop
exténuër la lumiére qui entre par
là dans la Machine. On voit par
toutes ces rémarques, qu'il est bon
d'avoir plusieurs pieces de fer blanc
ou de cuivre mince, qui soient ron-
des, de la grandeur du verre, &
percées différemment, afin de pouvoir ainsi donner au verre l'ouverture dont on a besoin. On pourroit

roit encore faire différentes ouver-
tures dans une l'ame de cuivre qu'on
feroit gliſſer ſur le verre ; ou ſe ſervir d'une plaque ronde , qui tour-
nant ſur ſon centre , feroit paſſer
ſur le verre des trous de différente
grandeur.

Deſcription de la ſeconde Machine.

39.
Fig. 78.
CEtte ſeconde Machine eſt une
eſpéce de boëte, dont la largeur
BD , & la hauteur AB , ſont égales , chacune étant d'environ 18.
pouces : ſa largeur FB n'en a que
dix : le côté TE eſt fait en talut,
de ſorte que AE n'eſt environ que
de ſix pouces.

40.

* 15.
On fait gliſſer au bas de cette
boëte un quadre G , dans le quel
le papier eſt attaché. *

41.
Dans le milieu du haut de la boëte on fait une ouverture qui a une
écrouë

écrouë pour élever & abaisser le Cilindre, dans lequel on met le verre *.

Au haut de la boëte, en dedans, il y a deux lattes **H I** & **L M**, les quelles gliffent dans de petits fers pareils à ceux dont il a été parlé *. Ces lattes avancent environ de deux pieds hors de la boëte, & leurs extrémitez **I** & **M** font dans une diftance l'une de l'autre égale, ou un peu plus grande que n'eft la longueur de la boëte. Elles fervent à foutenir une toile peinte de noir, qui eft attachée aux trois côtez **B A**, **A C**, & **C D**, de l'ouverture de la boëte.

A chaque côté au deffous de la boëte il y a une piece de bois de la fig. marquée **R** (fig. 77.) qui fert à foutenir la boëte fur fon pied, où on la fixe par quatre chevilles de fer. Deux de ces chevilles paffent de chaque côté dans le pied, par les ttous **N** & **P** ; & dans les pieces

L   dont

* 9.

42.

* 7.

43.

dont je viens de parler, par les
trous T & V, quand on veut que
le fond de la boëte foit Horizontal; & par T & O, quand on veut
un peu l'incliner.

44.   On eft quelquefois obligé de
mettre la boëte plus avant fur fon
pied; ce qui fe fait en employant
les trous Q & S, au lieu de N &
P.   Il arrive quelquefois dans ces
cas là, qu'il eft avantageux de pan-
cher la boëte un peu en arriére; ce
qui peut fe pratiquer en faifant paf-
fer la cheville qui eft en S, par le
trou X, lequel on perce dans une
petite piece de bois qu'on attache
contre la Machine : on fait un trou
femblable de l'autre côté.

45.   Au deffus de la Machine on fait
gliffer une boëte ou petite tour,
10. 11. pareille à celle qui a été décrite : *
13. Mais avec cette feule différence,
quelle doit être plus petite.

Au deffus de cette petite tour Y,
il y a deux petits fers Z, Z, qui
fer-

fervent à faire gliſſer une régle à laquelle on arrête un miroir, com- me il a été dit *.   Par ce moyen là on donne à ce miroir la ſituation qu'il a en H, dans la figure de la premiére Machine.

La Machine que je viens de dé- crire eſt extrémement facile à trans- porter ; car alors on fait repoſer la boëte B E C, ſur les deux traver- ſes 2. 3. & 4. 5. qui ont chacune une échancrure en dedans, pour empê- cher la boëte de gliſſer.   Dans cet- te ſituation l'ouverture A B C D eſt en haut : on met alors dans la boë- te, la petite tour Y, avec la régle & le miroir dont il eſt parlé, n. 13. On y fait entrer auſſi la toile pein- te de noir, après qu'on a ôté les deux lattes qui la ſoûtenoient ; puis on couvre la boëte, en partie du qua- dre G * qui eſt ſoutenu par deux lat- tes fort minces, & en partie d'une autre petite planche quand le qua- dre n'eſt pas aſſez grand. Toute la

L 2   Ma-

* 13.

46.

* 47.

Machine ainsi démontée, n'occu-
pe pas plus d'espace que n'en oc-
cupoit auparavant le pied seul.
Quand on veut s'en servir pour représenter les objets, il faut la re-
mettre dans son premier état.

Usage de cette Machine.

47. L'Usage de cette seconde Machine est le même que celui de la
première : mais il est bon de remar-
* 43. quer que quand on incline * la Machine, il faut diminuër l'Angle de
l'inclinaison du miroir avec l'Horizon, de la moitié de l'inclinaison
du fond de la boëte; & que quand
* 44. on renverse * un peu la Machine,
il faut augmenter cet Angle, d'une
pareille moitié.   Il faut remarquer
d'ailleurs que pour le Tableau pa-
* 44. ralléle, on doit avancer * la Machine sur son pied, & passer les
chevilles par S & Q. Quant aux
tailles douces, elles doivent s'attacher

cher à une planche entiérement
féparée de la Machine. Cette
planche doit être foutenuë par un
pied qu'on puiffe avancer & reculer commodément.

DÉMONSTRATION.

Pour l'Inclinaifon du miroir.

Soit **A B**, un rayon venant d'un
point de quelque objet : il faut démontrer *, que fi la ligne **D I**, a
l'inclinaifon qu'on veut donner au
Tableau, & que fi on a donné au
miroir **G H** l'inclinaifon, que nous
avons prefcrite, l'Angle **B a F** fera
égal à l'Angle **D C B**. Pour la démonftration, menez la ligne **F I**,
paralléle à l'Horizon. A prefent
dans le Triangle **I D F**, les deux
Angles **I D F** & **D F I** font enfemble
égaux à l'Angle **D I E** ; mais l'Angle **D F I**, qui eft l'inclinaifon du
miroir, eft égal * à la moitié de

48.

Fig. 75.

* 19.

* 16. 47.

L 3   l'Anl'Angle D I E, moins la moitié de l'Angle I F *a*; par conséquent il est moindre que l'Angle F D I de l'Angle entier I F *a* : ainsi si à l'Angle D F I on ajoûte l'Angle I F *a*, on aura l'Angle D F *a*, égal à l'Angle

* 19.   F D I : donc l'Angle F *a* B sera * aussi égal à l'Angle B C D.   Ce qu'il falloit démontrer.

On démontrera par un raisonne-ment à peu près semblable, ce qui a
* 47.   été dit * de l'inclinaison du miroir quand on renverse un peu la boëte.

F I N.

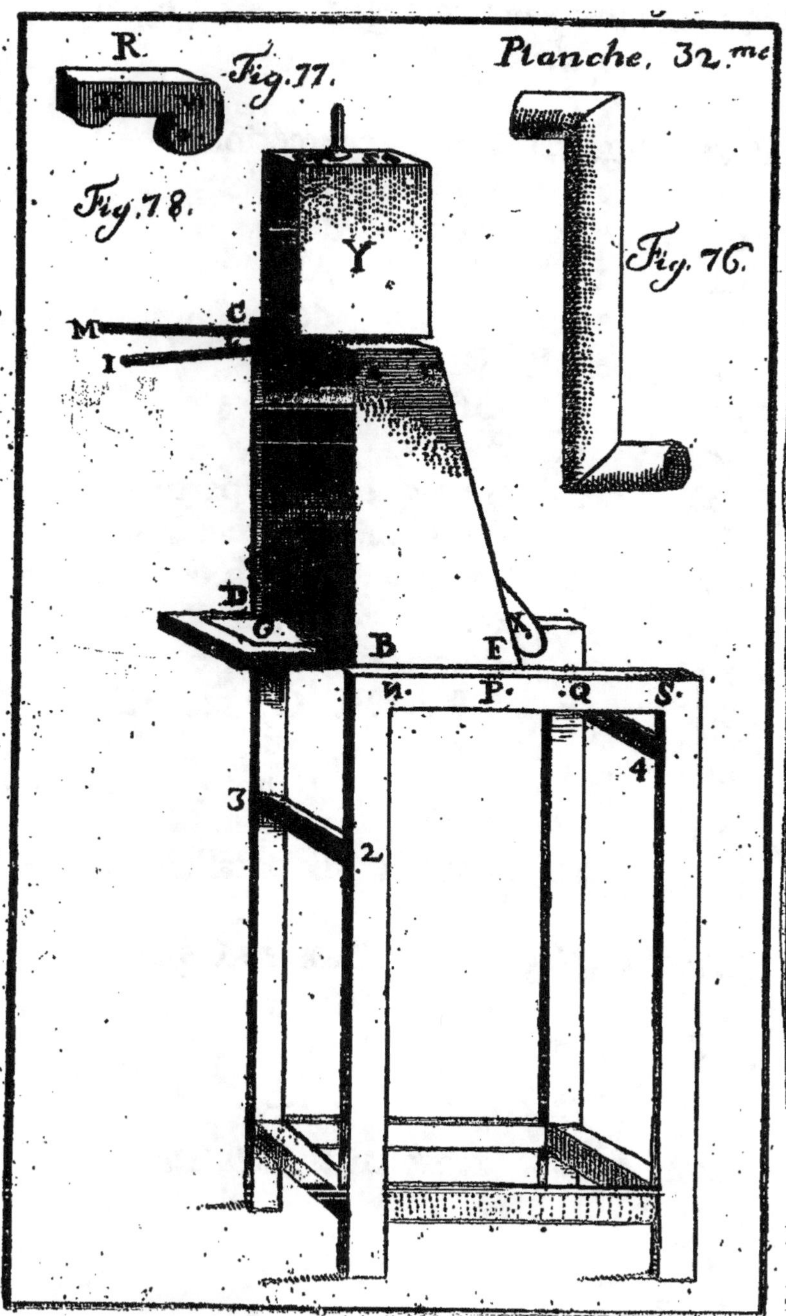
R
Fig. 77.
Planche, 32.me
Fig. 78.
Fig. 76.
Y
M
C
I
D
G
B
E
K
N
P
Q
S
3
2
4

Fautes qu'il faut corriger, dans l'Essai de Perspective.

Page,	ligne,	faute,	correction.
2.	19.	une	un
13.	3.	d'eux	deux
14.	12.	A*d*	AD
18.	18.	les	des
21.	penult.	la	les
32.	2.	du	d'un
45.	6.	à	a
62.	dern.	une qui	une partie qui
63.	13.	de cercle	de ce cercle
77.	6.	Prob. 8.	Prob. 6.
78.	1.	our	pour
79.	13.	d'écrire	décrire
88.	17.	GP par PE	Gp par p E
99.	8.	$\frac{ydy}{e}$	$\frac{ydy}{dx}$
116.	11.	tous	tout
120.	10.	paralléle AB	paralléle à AB

Dans l'Usage de la Chambre Obscure.

8.	2.	à	a
22.	12.	$\frac{2}{1}$	$\frac{1}{2}$
27.	21. 22.	représenter	dessiner